AF462487

CE QUE SONT LES JUIFS

DE FRANCE

PAR

A. CERFBERR DE MÉDELSHEIM

All is true.

(*Shaksp.*).

PARIS

CHEZ MANSUT PLACE SAINT-ANDRÉ-DES-ARCS.

STRASBOURG

CHEZ DÉRIVAUX ET DRACH, LIBRAIRES,

Et dans les bureaux des Omnibus les *Strasbourgeoises*.

1844.

CE QUE SONT LES JUIFS DE FRANCE.

OUVRAGES DU MÊME AUTEUR,

Chez A. ROYER, *place du Palais-Royal*, 241.

Voyage de S. A. R. Madame la princesse Hélène, de Mecklembourg-Schwérin, duchesse d'Orléans, d'Allemagne en France, 1 vol. in-18.

Contes du chanoine Schmid, traduction nouvelle faite sous les auspices de madame la duchesse d'Orléans, pour l'éducation de S. A. R. Mgr le comte de Paris. 2 vol. in-8°, magnifiquement illustrés par Gavarni. — Prix : 24 fr.

Loïdoros, petit livre des salons, in-184. — 75 c.

Le Juif, extrait des *Français* de Curmer.—1 f. 50 c.

Journal des Prisons et des Institutions de bienfaisance, hebdomadaire. — 15 fr. par an.

SOUS PRESSE :

Manuel des Prisons, à l'usage des magistrats et des administrateurs de ces établissements, ouvrage neuf et indispensable.

Manuel du Prisonnier, ou Livre de prières à l'usage des détenus de toutes les prisons du royaume.

Manuel de l'Instituteur des prisons.

CE QUE SONT LES JUIFS

DE FRANCE

PAR

A. CERFBERR DE MÉDELSHEIM

All is true.

(*Shaksp.*).

PARIS.

CHEZ MANSUT, PLACE SAINT-ANDRÉ-DES-ARCS.

STRASBOURG

CHEZ DÉRIVAUX ET DRACH, LIBRAIRES,
Et dans les bureaux des Omnibus les *Strasbourgeoises*.

1844.

A MON CONDISCIPLE

HENRI F......

JUIF DE NOM, MAIS NON D'ÉTAT NI DE CARACTÈRE.

Gage d'une inaltérable affection.

A. CERFBERR DE MÉDELSHEIM

TABLE DES MATIÈRES.

ERRATA.

Ce volume ayant été imprimé en l'absence de l'auteur, celui-ci n'a pu en revoir les épreuves ni corriger un assez grand nombre de fautes d'impression, dont le lecteur fera sans doute justice, mais que nous croyons cependant devoir signaler.

Page 13, ligne 19 de la note, lisez Mendelssohn avec deux *ss*.

— 34 — 7 lisez *le* corps, au lieu de *les*.

— 42 — 12 lisez *des* grands rabbins.

— 66 — 3 de la note, au lieu de *sous* les principales, lisez *dans* les, etc.

— 72 — 7 lisez *décoré* au lieu de *dévoré*.

— 73 — 9 lisez le schofar *éclatant*.

— 84 — 6 lisez *ces juifs dorés*.

— 86 — 19 lisez *des* préoccupations.

— 90 — 2 et 5 de la note, lisez Cerfberr, avec deux *rr*.

— 102 — 3 le fait de l'*indiscrétion*.

— 139 — 18 lisez *Azévédo*.

— 141 — 1 lisez à *sa* couronne.

— 144 — 11 lisez *Beer*, avec deux *ee*.

INTRODUCTION.

L'année dernière l'éditeur Curmer publiait, dans sa magnifique collection des *Français peints par eux-mêmes*, un travail remarquable par l'importance du sujet et la manière sérieuse dont il était traité. C'était une étude sur les Juifs français faite avec un soin et une vérité incontestables par M. A. Cerfberr de Médelsheim. Presque tous les journaux de France reproduisirent différents passages de ces articles dont il se vendit en quelque temps près de 20,000 exemplaires, et auxquels l'Angleterre et l'Allemagne accordèrent les honneurs de la traduction.

L'auteur, qui paraissait parfaitement connaître la matière qu'il traitait, et qui est d'ailleurs d'origine juive, quoique la presse catholique le compte parmi ses plus fervents champions, imprima à cet ouvrage de hautes pensées, qui prêtèrent à ses paroles la force de la vérité et de la conviction. Son intention était d'ouvrir les yeux du public sur la position des Juifs, position si contraire à leurs lois, à leurs mœurs, à leurs habitudes, et qui les met dans la nécessité ou d'abjurer leur religion, à moins de la réformer de fond en comble, ou de renoncer à la qualité de citoyens français, incompatible avec leurs usages et leurs prétentions à l'orthodoxie. Du reste, s'il fit des Juifs de France un portrait frappant de vérité, ce fut sans arrière-pensée de leur nuire, et l'on trouve dans son écrit, des paroles de tolérance et de charité qui ont ému les honnêtes gens d'entre les Israélites qui n'avaient pas intérêt à déprécier et à calomnier ses intentions.

Mais il n'en fut pas ainsi des Baziles de la nation ; ils crièrent bien haut au sacrilége, et se plaignirent amèrement de ce qu'on avait pénétré leurs arcanes. Le déchaînement fut grand, et dire tout ce qu'ils employèrent de moyens pour imposer silence à la voix courageuse qui osait s'attaquer aux puissants du jour, et montrer une plaie hideuse de la société, serait faire une curieuse histoire de ce que peut entreprendre l'acharnement de sectaires dévoilés.

Il s'est élevé contre M. Cerfberr de Médelsheim une véritable conjuration, et certes l'humble poëte ne s'attendait guère à toute cette tempête soulevée pour un mot de courageuse vérité. D'abord ce fut dans un quasi-journal israélite, soutenu des deniers d'un célèbre banquier étranger, une longue épître calomnieuse et mensongère d'une espèce de plastron littéraire, qui ne trouva rien de mieux à faire que de dénaturer les paroles de l'auteur et de lui en prêter de fausses pour avoir un semblant de raison contre lui. Puis ce fut une autre lettre arrachée à un honnête parent dont le premier soin, en cette occasion, eût dû être de se taire ; ensuite vinrent une incivilité de M. le baron de Rothschild, banquier (1), une

(1) Ceci constitue une anecdote aussi curieuse que caractéristique, et qui démontre jusqu'à quel point peuvent aller l'aveuglement et la haine. Dans le cours de son travail, qui forme trois livraisons de la collection Curmer, M. Cerfberr de Médelsheim, en parlant des dames israélites, crut devoir rendre hommage aux vertus et aux qualités de la plus éminente d'entre elles, de madame la baronne de Rotschild, dont la piété et la charité sont dignes d'une femme chrétienne, et qui avait soulagé une infortune à laquelle l'auteur s'intéressait vivement. Celui-ci crut remplir un devoir de politesse en envoyant, non pas à madame de Rotschild, qu'il n'a pas l'honneur de connaître, mais à M. de Rotschild lui-même, un exemplaire de sa publication. Le financier, que l'on avait assailli de plaintes et de récriminations

dénonciation en forme à l'un des membres du gouvernement, chef d'une ad-

amères contre l'auteur, lui renvoya les livraisons sans les avoir lues, manquant ainsi, par une impertinence des plus gratuites, aux plus simples rudiments des convenances et de la civilité. Par malheur pour lui, il ne renvoya à M. Cerfberr de Médelsheim que deux des trois livraisons que celui-ci lui avait fait remettre; ce fut pour l'auteur le prétexte de la lettre suivante, qu'il écrivit au fier baron :

« Monsieur le baron,

« J'ai reçu le renvoi un peu cavalier que « vous avez bien voulu me faire, de mon tra- « vail sur les juifs, dont j'avais pris la liberté « de vous faire l'hommage sincère et désinté- « ressé.

« Je ne conçois rien à cette façon d'agir peu « digne de votre nom et du rang que vous oc- « cupez ; mais puisqu'il vous a plu de me faire « une impolitesse, il aurait fallu la faire com- « plète, et me renvoyer tout mon travail, dont « il ne m'a été remis de votre part que les ministration dans laquelle M. Cerfberr de Médelsheim occupe un modeste emploi ; certaine visite charitable faite sous un prétexte frivole, par un parent assez haut placé, chez un autre chef de cette administration ; enfin des tracasseries sans nombre, des lettres anonymes et de ridicules menaces.

Tout cela ne fit qu'affermir M. Cerfberr de Médelsheim dans ses opinions et

« deux tiers. C'est me dépareiller un exem-
« plaire dont je compte faire un meilleur
« usage.

« J'ai l'honneur de vous saluer. »

M. de Rotschild envoya immédiatement la livraison omise, mais il garda une rancune profonde, qui se traduisit bientôt en la plus inqualifiable hostilité, que de hautes convenances nous empêchent de signaler en ce moment.

dans leur manifestation publique ; attaqué sourdement, il prit ses ennemis franchement et hautement à partie. Il adressa d'abord une rectification au journal qui avait indignement dénaturé ses paroles. Mais les Juifs ne voulurent point accepter ainsi leur condamnation ; ils refusèrent l'insertion qui leur fut ensuite inutilement signifiée par huissier ; ce refus les entraîna bientôt en police correctionnelle.

Leur cause était mauvaise ; ils le savaient : aussi demandèrent-ils jusqu'à trois remises successives, que le tribunal leur accorda malgré la réclamation du demandeur, et c'est un mensonge de leur part quand, dans le N° 9 de leur Recueil, ils prétendent que l'une de ces remises a été accordée sur la demande *des avocats*, le leur seul l'ayant sollicitée.

Enfin le jour d'audience arriva; mais pendant le temps qui l'avait précédé, les Juifs avaient cru prudent de publier des extraits tronqués de la réponse dont ils contestaient l'insertion textuelle, et le tribunal indulgent voulut bien accepter cette faible compensation qui témoignait au moins, de la part des Juifs, de l'aveu d'un tort et de la nécessité d'une réparation.

Renvoyés de la plainte, les Juifs jetèrent d'insolents cris de triomphe, comme s'ils ignoraient, les insensés, qu'il est, après celle de Dieu, une justice inflexible qui saurait décider entre eux et l'adversaire qu'ils s'étaient donné, la justice d'un public impartial et éclairé.

C'est devant ce juge suprême que nous soumettons aujourd'hui toutes les pièces de l'intéressant procès qui s'agite entre les Juifs et M. Cerfberr de Médelsheim. Nous n'avons rien changé aux documents que nous publions ; scrupuleux de montrer jusqu'à quel point M. Cerfberr de Médelsheim compte sur la justice de sa cause et sur la confusion de ses adversaires, pour faire éclater la vérité.

Et que l'on ne croie pas que la publication que nous faisons aujourd'hui soit l'effet d'une satisfaction personnelle ; la question est liée intimement aux intérêts de la religion et de la société. Aujourd'hui qu'une recrudescence incontestable s'est opérée dans la foi, et que les temples du Seigneur sont remplis d'une foule fidèle qui comprend qu'il faut autre chose à l'âme que le froid matérialisme et l'égoïsme décevant qui se sont imposés à notre époque, la religion est attaquée de tous côtés, dans son culte, dans ses traditions, dans ses ministres, dans ses œuvres; et c'est là un des caractères évidents qui ont toujours signalé les temps de sa plus grande influence. Les détracteurs arrivent de partout, et la confusion les atteint tous sans leur imposer silence; de là ces luttes irritantes qui, depuis plusieurs années, préoccupent les esprits et nuisent aux combattants de tous les camps. Les Juifs manifestent à tout propos leur présence et leurs prétentions; au nom des anciennes persécutions, ils réclament à grands cris les immunités et les tolérances les plus larges ; il n'est pas d'emploi qu'ils n'envient, pas de position qu'ils n'exploitent, et eux, qui sont à peine cent mille en France, remplissent, proportion gardée, et grâce à leur insistance, plus d'emplois que les autres communions catholique et protestante. Leur désastreuse influence se fait sentir surtout dans les affaires qui pèsent le plus sur la fortune du pays ; il n'est point d'entreprise dont les Juifs n'aient leur large part, point d'emprunt public qu'ils n'accaparent, point de désastre qu'ils n'aient préparé et dont ils ne profitent. Ils sont donc mal venus à se plaindre, ainsi qu'ils font toujours, eux pour qui sont toutes les faveurs et surtout tous les bénéfices, et qui devraient se couvrir du silence et de la consciencieuse réserve des chrétiens qui poussent jusqu'à l'excès la réparation des injures et des persécutions passées. Le judaïsme s'affaiblit tous les jours, et ses rangs s'éclaircissent de plus en plus; le nombre d'Israélites qui, depuis vingt ans, ont reçu le baptême est très-grand, et plus grand encore est le nombre de ceux qui le désirent et qui ne sont plus arrêtés que par de vains scrupules. Il est des familles presque entières qui se sònt converties au christianisme; parmi celles-ci il faut principalement citer la plus illustre, la famille Cerfberr, dont la moitié au moins des nombreux membres ont embrassé la religion du Christ, ou sont alliés à des chrétiennes. Il est à remarquer que ce sont précisément ceux qui sont entrés dans des carrières publiques et qui vivent de l'intelligence et de la pensée, et non de négoce et d'opérations de bourse, qui ont abjuré l'erreur.

M. Cerfberr de Médelsheim aurait eu beau jeu de faire servir cette circonstance à l'intérêt de son travail ; mais ce travail devait s'occuper des Juifs et non de ceux qui avaient le bonheur de ne plus l'être : d'ailleurs il venait avec des paroles de vérité et de consolation, et non avec des paroles d'affliction pour Israël. Il mit en cela une réserve dont ses adversaires ne lui tinrent aucun compte : et cependant, au moment où il écrivait, il aurait pu les accabler, car le Seigneur venait de visiter de nouveau sa famille : le compagnon de son enfance, son cousin germain, Alphonse Ratisbonne, venait d'être miraculeusement éclairé à Rome de l'esprit de Dieu, et sa conversion remplissait le monde d'admiration et d'étonnement. Le coup fut fatal aux Israélites et aux incrédules; les faits étaient trop patents, ils parlaient trop haut pour souffrir la contradiction : aussi M. Cerfberr de Médelsheim ne voulut pas s'en servir; et pourtant quoi de plus accablant pour les Juifs que les révélations de ce jeune homme, qui hier prenait une part active à ce qui se faisait dans l'intérêt du judaïsme, et qui, aujourd'hui chrétien fervent, vient nous dire la pauvreté et le vide de cette religion dont il était le fanatique sectateur. Nous le laisserons parler dans les extraits suivants que nous empruntons à la relation de sa conversion :

« Ma famille est assez connue, car elle est riche et bienfaisante ; et à ces titres elle tient depuis longtemps le premier rang en Alsace. Il y a eu, dit-on, beaucoup de piété dans mes aïeux : les chrétiens aussi bien que les juifs, ont béni le nom de mon grand-père, le seul juif qui, sous Louis **XVI**, obtint, non-seulement le droit de posséder des propriétés à Strasbourg, mais encore des titres de noblesse (1). Telle fut ma famille ; mais

(1) Les juifs font aujourd'hui à M. Cerfberr de Médelsheim, qui représente, avec son frère, la branche aînée de la famille, un crime de se parer de cette noblesse glorieuse pour eux et pour lui.

aujourd'hui les traditions religieuses y sont entièrement effacées.

. . . .

« . . . . A cette époque une bonne œuvre se présenta à mon besoin d'activité : je la pris chaudement à cœur. C'était l'œuvre de la *régénération* des pauvres Israélites, comme on l'appelle improprement; car je comprends aujourd'hui qu'il faut autre chose que de l'argent et des loteries de charité pour régénérer un peuple sans religion. Mais enfin je croyais alors à la possibilité de cette rénovation, et je devins un des membres les plus zélés de la *Société d'encouragement au travail en faveur des jeunes Israélites*, société que mon frère le prêtre (2) avait fondée à Strasbourg il y a

(2) M. l'abbé Théodore Ratisbonne, auteur de la *Vie de saint Bernard*, converti au catholicisme vers 1826. Plusieurs autres Israé-

une quinzaine d'années, et qui toujours a subsisté malgré le peu de ressources dont elle pouvait disposer. . . . .

. . . .

« Une autre circonstance intéressante fut la réunion de plusieurs Israélites notables, qui s'assemblèrent pour aviser aux moyens de réformer le culte judaïque et le mettre en harmonie avec l'esprit du siècle. Je me rendis à cette assemblée, où chacun donna son avis sur les perfectionnements projetés. Il y avait autant d'avis que d'individus; on discuta beaucoup; on mit en question toutes les convenances de l'homme, toutes les exigences du temps, toutes les dictées de l'opinion, toutes les idées de la civilisation; on fit valoir toute espèce de considérations;

lites distingués de la Lorraine et de l'Alsace entrèrent dans les ordres sacrés vers le même temps.

on n'en oublia qu'une seule : *la loi de Dieu.* De celle-là, il ne fut pas question ; je ne sache pas même que le nom de Dieu ait été prononcé une seule fois, pas plus que le nom de Moïse, ni le nom de la Bible.

« Mon avis, à moi, était qu'on laissât tomber toutes les formes religieuses, sans recourir ni aux livres, ni aux hommes, et que chacun en particulier, comme tous ensemble, pratiquât sa croyance à la façon qu'il l'entendrait.

« Cet avis prouve ma haute sagesse en fait de religion ; j'étais dans le progrès, comme vous le voyez. On se sépara sans rien faire.

« Un Israélite, plus sensé que moi, avait dit cette parole remarquable que je rapporte textuellement : *Il faut nous hâter de sortir de ce vieux temple dont les débris craquent de toutes parts, si nous ne voulons pas être bientôt ensevelis sous ses ruines.* Paroles pleines de vérité, que chaque Israélite répète aujourd'hui tout bas. Mais, hélas! il y a dix-huit siècles qu'ils sont sortis de leur vieux temple, et ils n'entrent point dans le temple nouveau, dont les portes sont ouvertes devant eux. »

Que dites-vous de cela, messieurs les Israélites? la confession est-elle assez accablante? et quand vous savez pertinemment qu'on peut révéler de ces choses, pourquoi ne gardez-vous pas un prudent silence?

Loin de là, hélas! et nous donnerons ici un exemple de cette outrecuidance que leur inspire la fortune et qui les pousse au mensonge et au blasphème.

Voici l'impudent *puff* que nous avons lu dans une des livraisons du journal qui a si maladroitement attaqué M. Cerfberr de Médelsheim. On sait que M. Crémieux, avocat, est enfin parvenu à trouver un collége électoral qui lui a confié le mandat législatif.

« Un des électeurs de Chinon, qui ont envoyé à la Chambre l'honorable M. Crémieux, dit ce journal, nous a raconté une particularité de cette élection qu'on nous saura gré de consigner dans ce Recueil. La qualité de Juif du candidat était là, comme ailleurs, aux yeux de quelques électeurs, un motif de scrupule. M. Crémieux a facilement fait disparaître cet obstacle ; il les a convaincus que sa qualité de Juif ne l'empêchera pas de respecter le culte de la majorité des Français (*C'est fort heureux !*). Entre autres, il leur a fait part du fait suivant : il y a quelques années il fut chargé par une commune de Lot-et-Garonne de soutenir un pourvoi en cassation dont voici l'objet : le fils de l'ancien seigneur, furieux de n'avoir pas été élu maire, réclama un saint ciboire donné à la commune par son père. Le juge de paix avait rejeté sa demande, mais le tribunal de première instance l'avait admise. C'est pour faire casser cet arrêt qu'on s'était adressé à M. Crémieux, qui fit tous ses efforts pour détourner la commune d'une démarche chanceuse devant entraîner, en cas d'insuccès, plus de frais que ne coûterait le remplacement d'un saint ciboire. La commune insista et envoya à M. Crémieux 400 francs pour entamer le pourvoi; il fut rejeté et la commune en fut pour 380 francs de frais.

M. Crémieux envoya de ses propres deniers un saint ciboire qui lui coûta une somme bien supérieure *(le Juif se montre partout)* à celle qu'il avait reçue pour former le pourvoi en cassation. La commune, touchée d'une pareille générosité, délibéra, et il fut décidé que le portrait de l'honorable avocat *serait placé dans l'église à côté de celui du saint de la paroisse.* »

Ceci est bien le plus impertinent mensonge qui ait été proféré ; et l'ignorance des Juifs est rare lorsqu'ils affirment que le portrait de M. Crémieux est exposé dans un temple chrétien à la vénération des fidèles. Que l'élu de Chinon ait fait cadeau d'un saint ciboire à une pauvre commune qui pouvait le lui rendre, en contribuant à la satisfaction de l'ambition qui lui faisait solliciter le mandat de député, nous le croyons sur parole; mais l'affaire du portrait! c'est impossible. D'abord ce n'est pas la commune qui peut faire décorer une église à son gré, c'est le curé, et tout au plus le conseil de fabrique; ceux-ci même ne peuvent exposer que les tableaux et portraits vénérés canoniquement par l'église, et ce serait un abominable sacrilége, et surtout un sacrilége de nouvelle sorte, que l'exposition de la curieuse figure de M. Crémieux dans le temple du Seigneur. Quiconque connaît cet hilarieux visage s'étonnerait d'ailleurs que le fameux avocat pût être à ce point adorable. Messieurs les Juifs vous êtes en vérité bien..... facétieux.

C'est ainsi que les Israélites reconnaissent les bienfaits dont on les accable, et c'est en ruinant le pays par l'usure, qu'ils se mettent à la hauteur des progrès qu'ils sont les premiers à proclamer.

On remarquera le soin que prend M. Cerfberr de Médelsheim de ne répondre aux Israélites que par les armes qu'ils lui fournissent eux-mêmes; et dont sont remplis tous les documents qu'ils publient, tous les actes qu'ils commettent. Certes, s'il n'est pas de plus rude guerre, il n'en est pas non plus de plus loyale.

La publication que nous mettons au jour aura ce bon résultat, qu'elle mettra à nu la lèpre hideuse qui ronge encore notre époque, et qu'elle dépouillera de leur peau d'agneau ces loups dévorants qui n'ont rien perdu de leur nature orgueilleuse et rapace.

Pour M. Cerfberr de Médelsheim, il leur pardonne de grand cœur leur haine et leur persécution, et s'il demande au ciel une satisfaction à sa vengeance, c'est de voir tomber, devant le signe divin de la rédemption, le voile qui couvre leurs yeux.

LE JUIF.

Observation importante.

—

Les articles de M. Cerfberr de Médelsheim sur les *Juifs*, étant la propriété exclusive de M. Curmer, éditeur de la collection *les Français peints par eux-mêmes*, qui n'en a autorisé que cette seule réimpression complète, toute reproduction en est sévèrement interdite.

La monographie du juif, ce type si tranché que n'ont altéré ni les temps, ni les climats, ni les vicissitudes de toutes sortes, est certes un objet de haut enseignement. L'histoire du peuple hébreu est l'histoire unique et singulière d'une nation isolée depuis tant de siècles, au milieu de l'humanité, pour lui être incessamment une leçon vivante de patience, de justice et de miséricorde divines. Ce n'est point ici le lieu de faire assister le lecteur à toutes les phases tragiques, aux innombrables accidents des annales de ce peuple, toujours seul au milieu des autres peuples, toujours protégé de Dieu, toujours ingrat, toujours inconséquent et léger. Tantôt uni en corps de nation, tantôt dispersé à travers le monde et chassé comme la feuille légère qu'emporte le vent du nord; mais vivant toujours de sa vie particulière, toujours tenace dans sa croyance quand il est persécuté, insolent et fier quand il est fort, lorsqu'il est faible, vil et rampant; d'une patience et d'une résignation à toute épreuve; amassant parcimonieusement pour l'avenir, puis dépensant avec faste; endurci à toutes les fatigues, à toutes les privations, ou enfoncé dans la mollesse la plus voluptueuse, la plus efféminée; quittant avec une égale indifférence le velours et la soie, toutes les jouissances du luxe, toutes les joies constitutives du bonheur matériel, pour revêtir l'humble bure du mendiant ou saisir le bâton du voyageur aventureux, et reprendre son existence splendide après avoir recréé sa fortune; portant dans toutes les affaires la même minutie, la même attention, la même finesse; opposant à la persécution un front résigné, à la misère une abnégation profonde; souvent abattu, mais jamais écrasé, ce peuple a toujours conservé, comme marque de sa noble extraction, ce génie intérieur et primitif qui lui fit opérer de grandes choses, et lui donne une intelligence supérieure; et cependant il semble porter au front le stigmate indélébile que la Providence courroucée lui imprima à jamais.

Étrange existence que quarante siècles n'ont pu changer, et qui se produit au milieu de notre civilisation, avec le même caractère inquiet et remuant, instable et ingrat qu'elle possédait chez les Pharaons, qu'elle conserva au désert, dans les vallées fertiles de la Mésopotamie, sur la terre d'exil de Babylone, et qu'elle n'a point abandonné en passant à travers les épreuves de la conquête romaine, de l'asservissement mauresque, de la persécution et des auto-da-fé de toute la chrétienté.

Et cependant combien est intéressante cette vie si traversée des Israélites ! Voici tantôt dix-huit siècles qu'ils sont disséminés sur la terre, repoussés de tous, des gentils et des chrétiens, des grands et des petits, des riches et des pauvres; parias de l'humanité, ils ont mené une triste et malheureuse existence; en butte à toute les calamités, ils ont souffert patiemment toutes les peines, toutes les tribulations. Et admirons ici leur courage et leur persévérance! dix-huit siècles de tortures et d'esclavage, dix-huit siècles de persécution et de malheur, n'ont pu altérer ni ébranler leur foi, les bûchers ni les cachots n'ont pu leur faire abandonner leur croyance. Ils se sont transmis de génération en génération leur langue antique et sacrée, leurs saintes traditions; et dans nos campagnes se trouvent encore quelques familles vivant de la vie simple des patriarches, avec toute la naïveté des mœurs primitives, avec toute la foi que possédaient au cœur Abraham et David.

Comment ne pas les plaindre, ne pas les excuser peut-être, en reportant la pensée sur des persécutions qui se sont succédé jusqu'à nos jours!

Y eut-il jamais acharnement plus grand, plus atroce que celui qui se déchaîna contre les juifs, au moyen âge surtout? Quand ils avaient travaillé, quand ils avaient recueilli, on leur enlevait le fruit de leur labeur. Sans cesse hors la loi, on ne les comptait pas comme des hommes, obligés qu'ils étaient, par le droit de capitation, de payer chèrement la faculté de vivre parmi les humains. Ces gens que l'on dépouillait tous les jours furent obligés de cacher leurs richesses quand ils en pouvaient avoir; de les amasser en silence, d'écarter soigneusement tout objet de convoitise, toute cause de spoliation; et, comme toujours on les harcelait, comme on les dépouillait sans cesse, il leur fallait des richesses immenses pour satisfaire à des exigences si énormes; car la main de fer qui les pressurait leur criait toujours: *Donnez! donnez!* et elle se crispait convulsivement à la moindre résistance, à la moindre hésitation.

La guerre venait-elle à éclater, les juifs

devaient en couvrir les frais , et on les exilait, on les chassait de leurs demeures , en s'emparant de leurs biens. La peste étendait-elle ses ravages sur les populations, c'étaient les juifs qui avaient empoisonné les puits, et on les égorgeait. Survenait-il quelque autre calamité, c'était encore aux juifs qu'on s'en prenait : c'étaient eux qui l'avaient attirée par leur sortiléges, et on les brûlait vifs. Bouc émissaire des siècles , ce peuple en a supporté toutes les misères, toutes les infortunes; et aux juifs qui naissaient au monde, on pouvait dire les paroles terribles du Dante : *Voi ch' entrate, lasciate ogni speranza.* Il n'est donc pas étonnant que, voulant se roidir contre la persécution , empêchés de cultiver la terre , de posséder des biens, d'embrasser des professions libérales; écartés de la magistrature et des emplois , réduits même à ne pouvoir verser leur sang pour la patrie adoptive ; expulsés de la plupart des corps de métiers, il n'est pas étonnant, disons-nous, que les juifs, obligés de s'en tenir exclusivement au commerce d'importation et d'exportation, et surtout à celui d'argent, aient employé la ruse et même le dol pour satisfaire aux sordides exigences de leurs persécuteurs, et que l'usure soit le défaut invétéré qui entache encore cette nation.

Mais maintenant les préjugés s'effacent, la justice a reparu avec la liberté, les juifs ne sont plus sur la terre d'exil, et les filles de Sion ne peuvent plus dire comme autrefois à Babylone, lorsqu'on leur ordonnait de chanter : « Comment notre voix peut-elle trouver des accents, puisque nous sommes loin de Jérusalem, sur la terre étrangère, et que notre âme est abreuvée de douleurs. »

Les Israélites ont trouvé une Jérusalem

nouvelle : c'est la France, ce refuge des grandes infortunes, cette consolatrice de toutes les afflictions ; terre classique maintenant de toutes les tolérances, de toutes les justes libertés.

C'est à Louis XVI, par les conseils du vertueux Malesherbes, que les juifs doivent un commencement d'affranchissement. La révolution, qui bientôt vint tout niveler et tout détruire, pour tout réédifier ensuite, accorda aux juifs la qualité et les droits du citoyen. Rendus subitement à la vie sociale et politique, ils eurent de la peine à se mettre à la hauteur de ce bienfait si nouveau. Habitués à vivre selon leur propre loi, leurs coutumes particulières, à se marier entre eux, à se passer de toute intervention étrangère dans les actes de leur vie civile ou religieuse, ils ne surent pendant quelques années comment faire pour se mettre à la hauteur de la civilisation qui les appelait à elle ; et à chaque pas qu'ils tentaient dans cette existence nouvelle , ils étaient arrêtés par des scrupules religieux, par les défenses de leur loi si éloignée , si contraire à tout principe de civilisation moderne.

Cet état dura jusqu'en 1807 , où Napoléon convoqua à Paris le grand sanhédrin de France et d'Italie, dont les décisions doctrinales eurent désormais force de loi dans l'étendue de son vaste empire. Il était dû à la gloire du grand empereur de compléter l'affranchissement des juifs , en réunissant cette assemblée célèbre qui n'avait pas reparu depuis la durée du second temple.

Elle a déclaré que la religion juive défendait à jamais la polygamie ; qu'elle tolérait le divorce quand il était permis par la loi civile du pays ; que les mariages avec des chrétiens , adorateurs comme eux d'un seul

Dieu, ne pouvaient être regardés comme défendus par leur religion ; que les lois de la fraternité unissent les juifs à leurs frères et à leurs semblables de toutes les croyances ; que les actes de justice et de charité dont les livres saints leur prescrivent l'accomplissement sont, envers leurs frères de toutes les religions, les devoirs essentiellement inhérents à leur croyance; que la France est leur patrie, qu'ils doivent la servir, la défendre, et obéir à toutes ses lois ; qu'un vrai Israélite doit toujours élever ses enfants dans des professions utiles ou à des états honorables ; enfin que le prêt à intérêt usuraire, soit à des Israélites, soit à des non Israélites, est un crime également abominable aux yeux de leur religion.

Toutes ces décisions ont paru appuyées sur le texte des Écritures et des traditions saintes ; elles ont été adoptées par presque toutes les synagogues et communautés juives du monde.

Nous passerons donc l'éponge sur les détails d'un passé aussi affreux que le présent est beau et consolant ; encore moins nous occuperons-nous des questions religieuses qui divisent les juifs ; jamais le culte du vrai Dieu ne donna lieu à de plus misérables, à de plus mesquines disputes (1).

(1) Depuis leur dispersion surtout, les Israélites ne s'occupèrent plus que d'ergoteries ; ils passaient leur vie à expliquer les livres saints, puis à commenter ces explications. C'est ce qui donna naissance à un nombre étonnant de livres énormes, dont les principaux sont le *Mishna*, ou explication de la Bible, par Jehuda Hanasi, le *Talmud*, ou commentaire de la *Mishna*, et le *Petit Talmud*, ou abrégé du précédent, par Alphési. Nous ne parlerons par davantage des hommes illustres que compte leur nation ; ce furent des savants, des poëtes, des théologiens, et surtout des médecins, tels que Rabbi Mosché, juge de la nation à Cordoue : Ismaël Halevy, son disciple et son successeur, élevé ensuite à la dignité de nasi ;

Les juifs, enlevés à toute préoccupation politique, ne prirent aucune part aux mou-

Joseph ben Schahtnès, traducteur arabe du *Talmud ;* Roscheu, commentateur du ***Petit Talmud***, et Itsrock Borisch, dit le Mathématicien, son adversaire ; Ismaël ben Chemoule-Hacohen, philosophe et jurisconsulte, auteur d'un commentaire sur le ***Pentateuque;*** Itsrock bar Borisch, recteur de l'Académie de Cordoue, auteur d'un commentaire sur les canons difficiles du *Talmud :* Schemolo-ben-Gabirole-ben-Jéhuda, écrivain, philosophe, l'un des fondateurs de la littérature hébraïque espagnole, auteur de cantiques encore en usage ; Ben Hezrach, interprète de la Bible; Maïmonide, poëte, philosophe, astronome et médecin ; Mosché Géquatilach, grammairien ; Benjamin de Tudèle, voyageur célèbre ; enfin le français Abraham ben David, qui écrivit contre Maïmonïde ; les trois grammairiens Kimchi le père et les deux fils, de Narbonne ; le voyageur Jarchi, de Troyes; et, dans le siècle dernier, l'illustre Mendelshon, l'un des hommes les plus éclairés de se nation. Si les juifs eurent pour chefs, durant leur prospérité et leur union en corps de nation, des patriarches, des prophètes, des juges ou des rois, ils eurent, pendant les jours amers de la captivité, des princes de la loi à Babylone, des *tanaïms* ou chefs religieux, des *rebonems* ou maîtres

vements qui s'opéraient en dehors d'eux ; ils subirent les tristes conséquences que toutes les législations orientales entraînent après elles. Les réformateurs de l'Orient se sont en effet constamment appliqués à isoler leurs peuples de tous les autres. Ainsi Confucius, Manou, Moïse, Mahomet, ont donné aux Chinois, aux Hindous, aux juifs, aux musulmans, des lois qui renferment la religion et la politique, la morale et la police, la justice et la stratégie. Certes, cela suffit pour rendre un peuple fort, quand il est uni en une seule agglomération ; mais si le malheur des temps, si les décrets de la Providence viennent à disperser ce peuple ; si de conquérant il devient esclave, que d'infortunes tombent alors sur lui, que de revers

de la grande académie de Pompédita en Perse, des *guéonims*, qui succédèrent aux précédents, des *nasim* ou princes des juifs d'Espagne, etc.

viennent l'accabler ! Ses mœurs, ses coutumes, sa foi surtout, paraissent étranges à ses vainqueurs; sa position d'opprimé seule le met en état de suspicion continuelle ; les persécutions sont d'autant plus violentes, la rage des oppresseurs plus intraitable ; le peuple qui souffre s'avilit graduellement ; il s'ilotise et finit par disparaître, s'il ne possède, au milieu d'infortunes si énormes, un principe préservateur d'une destruction complète. Ce principe ne peut être politique, ni même social, il faut qu'il soit tout dans la ténacité de la foi, d'une religion, vraie ou fausse. C'est sans doute à cela que les Israélites doivent d'exister encore; et cependant combien leur religion a souffert, combien leurs dogmes se sont altérés, combien leur loi sublime et sainte a reçu d'injures de ses propres sectateurs, sans avoir toutefois suivi la marche des siècles, les progrès de la raison, les mouvements de la civilisation. La religion judaïque n'est ni ce qu'elle était, ni ce qu'elle devrait être : *rudis indigestaque moles*, pour me servir de l'expression du poëte, elle ne présente qu'un chaos informe qui n'offre rien au penseur ni au philosophe, à l'esprit ni au cœur, à l'âme ni à la raison. Au lieu de la mettre hors de toute atteinte profane, ils se prirent à se disputer avec violence sur les moindres prescriptions de la loi; des schismes profonds s'établirent au sujet des plus puériles interprétations; enfin cette loi descendue du Sinaï si pure et si simple, cette loi, modèle éternel de saine raison, de morale et d'équité, cette religion renfermée en dix lignes, donna lieu aux plus violentes discussions, aux opinions les plus contraires, les plus acharnées; et l'avidité des hommes pour le mensonge et l'erreur est si grande, leur besoin d'embrouiller les choses les plus simples si constant, que la religion judaïque donna naissance à plus de sectes que le paganisme ne compta de dieux (1).

Les Israélites qui habitent sur toute l'étendue de notre sol se partagent en plusieurs divisions, selon les contrées d'où sortirent des migrations juives. Nous nous entretiendrons donc successivement du JUIF PORTUGAIS OU ESPAGNOL, du JUIF AVIGNONNAIS, du JUIF ARABE, du JUIF ALLEMAND, et enfin de la FEMME JUIVE et du RABBIN, car toutes ces divisions sont bien tranchées : quoique faisant partie d'un tout assez uni,

(1) Les principales sont celles des pharisiens, des sadducéens, des samaritains, des esséniens, des publicains, avant Jésus-Christ ; après l'ère chrétienne, celles des juifs d'Alexandrie, des gnostiques, des thérapeutes, des talmudistes de Jérusalem et de ceux de Babylone, des kabalistes, des rabbanites, des sébouréens, des chassidimites, des carraïtes, etc.

elles ont cependant leur caractère particulier, et il existe entre un juif portugais et l'un de ses frères allemand ou arabe autant de différence qu'il s'en trouve entre un Anglais et un Français; d'ailleurs il est utile de saisir et de marquer toutes ces différences avant qu'elles aient disparu et qu'elles se soient confondues dans l'humanité générale, ce que produiront nécessairement leur réunion en une même organisation religieuse, et la jouissance des mêmes droits politiques.

LE JUIF PORTUGAIS.

Les juifs portugais sont, pour ainsi dire, les patriciens de la juiverie; leur origine, leurs mœurs, leurs coutumes, leur religion même, tout chez eux a une qualité supérieure que l'on ne trouve pas chez les autres Israélites, et leur donne un parfum d'aristocratie et de quasi-noblesse, dont ils tirent une prétention de suprématie qui, du reste, ne leur est point contestée.

Chassés d'Espagne en 1492, par Ferdinand et Isabelle, et du Portugal en 1496, par le roi Emmanuel, on évalue à près de cent soixante-dix mille le nombre de ceux qui furent obligés de quitter la Péninsule; et cependant, lorsque après six ans d'efforts Ferdinand parvint à se rendre maître de l'Espagne par la prise de Grenade, il avait été stipulé dans la capitulation de Boabdil, le dernier roi maure, qu'il ne serait touché ni aux biens, ni aux lois, ni à la liberté, ni à la religion des mahométans, et que les juifs, compris dans le traité, jouiraient des mêmes droits.

Ferdinand fut considéré comme le vengeur de la religion, et pourtant il n'était que le violateur de la foi jurée.

Un grand nombre d'entre eux passa en Italie, dans le Levant et en Barbarie; ils allèrent habiter Livourne, Amsterdam, Hambourg, Londres, Constantinople, Smyrne, Alger, Maroc et Fez; ils formèrent des établissements à Salonique et jusque dans les Indes orientales, au pays de Cochin. Ceux qui ne purent quitter l'Espagne furent forcés, par l'inquisition, de recevoir le baptême, mais ils restèrent toujours attachés à leur religion. On les désigna sous le nom de *nouveaux chrétiens*.

Un de ces derniers, nommé André Govea (1), établi à Bordeaux au commence-

(1) C'est André Govéa, alors en grande réputation, que Rabelais désigne, dans le dénombrement de la bibliothèque de Saint-Victor, de la manière suivante : *M. N. Rostocostoiambedanesse de moustarda post prandium servienda*. Théodore de Bèze rapporte que le Portugais Govéa était appelé *Sinapevorus*, ou *Engoule-Moutarde*.

ment du seizième siècle, y devint professeur de belles-lettres en 1534. Profitant d'un édit de Louis XI, de février 1474, qui permettait à tous les étrangers, excepté aux Anglais, de se fixer à Bordeaux, il y attira successivement ses coreligionnaires nouveaux chrétiens. Ils obtinrent de Henri II, par lettres-patentes données à Saint-Germain en Laye, en août 1535, sous le nom de *marchands et autres Portugais appelés nouveaux chrétiens*, la permission d'habiter et de résider avec leurs familles et leurs serviteurs dans toute l'étendue du royaume, et d'y exercer librement le commerce, avec tous les droits, priviléges et franchises dont jouissaient les sujets du roi. Le parlement de Paris enregistra ces lettres, le 22 décembre 1550, à la charge que les héritiers des impétrants, en faveur desquels ils disposeaient de leurs biens, seraient des régnicoles.

Henri III et Louis XIV renouvelèrent ces lettres patentes en 1574 et 1658.

Il est remarquable que dans tous ces actes les juifs de Guyenne ne sont désignés que sous la qualification de marchands espagnols ou portugais. Ils professaient en effet extérieurement le christianisme, sans que le gouvernement, qui ne pouvait ignorer quelle était leur véritable religion, songeât à les inquiéter.

Peu à peu ils se relâchèrent à cet égard, ce qui scandalisa le peuple de Bordeaux; mais un arrêt du parlement de cette ville, du 17 mars 1574, défendit à toute personne de molester les *Espagnols* et *Portugais* qui y étaient fixés.

Ce fut vers 1686 qu'ils cessèrent de faire baptiser leurs enfants, et vers 1705 qu'ils discontinuèrent de se marier devant les curés catholiques. Cette époque fut aussi celle où ils eurent des synagogues publiques, dont la première fut inaugurée en 1710; c'est depuis 1720 qu'ils ont un cimetière particulier.

Ce fut dans de nouvelles lettres patentes données à Meudon par Louis XV, au mois de juin 1723, et qui leur coûtèrent une somme de 100,000 livres à titre de joyeux avénement, que le gouvernement les reconnut légalement pour être de la religion israélite, et leur donna officiellement le titre de juifs. Ces priviléges leur furent enfin confirmés par Louis XVI.

Les juifs espagnols et portugais jouissaient ainsi de tous les droits de cité et pouvaient se fixer dans le ressort des parlements qui avaient enregistré leurs priviléges. Ayant été naturalisés en corps de nation, tous les individus de cette race étaient admis à partager ces priviléges.

C'est donc en vertu de ces droits de citoyens que la communauté de Bordeaux, en 1789, choisit dans son sein quatre électeurs qui prirent part aux opérations du tiers-état de la sénéchaussée de Bordeaux, et à la nomination des députés aux états généraux.

Si ces Israélites ne furent pas plus inquiétés dans la possession de leurs biens et de leurs priviléges, cela tient à ce qu'ils comprirent tout d'abord qu'il n'y aurait pour eux de sécurité possible que dans la soumission et des mœurs irréprochables.

Ils avaient rapporté d'Espagne, où si longtemps ils avaient partagé la gloire et la prospérité des Maures, des habitudes de luxe et d'urbanité, des manières de grandeur et de noblesse, des traditions de science profonde, une littérature florissante, et cette activité, cachet permanent des enfants d'Abraham, à laquelle de longues années de paix et de calme avaient permis de prendre tout son essor.

Aussi furent-ils bientôt maîtres des immenses relations commerciales dont Bordeaux est l'aboutissant. Trouvant à créer leur fortune par des spéculations honnêtes et lucratives; jouissant tranquillement de leurs biens, ils n'eurent pas besoin de recourir au moyen odieux de l'usure pour s'enrichir. Aussi sont-ils, en général, armateurs, banquiers, négociants, agents de change, courtiers de commerce, marchands de draps, de toiles, de soieries, de quincaillerie. Leur commerce s'étend aux Indes, aux États-Unis, en Guinée, aux Antilles, en Angleterre, au Portugal, en Espagne, etc.

Ce n'est pas pour le juif portugais qu'il a été écrit que la progéniture d'Israël serait aussi nombreuse que les étoiles du firmament, que les grains de sable de la mer; en général, ces familles sont peu nombreuses, et c'est là un signe évident de civilisation et d'aisance. Il est à remarquer, en effet, que la population s'accroît davantage au milieu de la pauvreté et de la misère, qu'au sein des richesses (1).

Le juif portugais élève ses enfants selon les lumières du siècle, et cette commune éducation fait qu'il se fond davantage dans la population générale.

Les Israélites de cette race rappellent assez exactement le caractère hébreu primitif, ce beau type arabe que nous admirons dans toutes ses productions, et que Lehmann a si bien saisi dans ses tableaux des dernières expositions : ils sont grands, bien faits; leur port est noble, leurs manières sont aisées, leur regard fin, leur visage ou-

1 Voyez l'Irlande.

vert et intelligent, leur teint légèrement basané ; leurs cheveux sont d'un noir de jais, et ils portent , sans exception aucune , la marque distinctive et générale qui fait reconnaître tous les Israélites du monde , c'est-à-dire une barbe très-forte et le nez aquilin très-prononcé. Ils sont probes et polis , actifs et intelligents ; ils ne se refusent à l'accomplissement d'aucun devoir de citoyen , et lorsque le décret impérial de 1808 astreignit les juifs à servir personnellement dans les armées , sans pouvoir fournir de remplaçants , les juifs des départements de la Gironde et des Landes furent d'abord seuls exceptés de cette singulière disposition.

Une propreté sévère et exacte sur eux et chez eux les exempte des maladies cutanées et autres auxquelles sont en proie leurs coreligionnaires des autres races , les Allemands surtout. Cependant, comme ils vivent bien, ils sont sujets à la goutte et à la gravelle.

Ils ne se distinguent pas seulement par leurs mœurs et leurs manières, ils ont encore, pour se faire reconnaître, leurs noms, qui tous rappellent leur origine. Tels sont ceux de : *Furtado*, *Rodrigues*, *Raba*, *Azévédo*, *Lopez*, *Gradis*, *Pereyra*, *Venture*, *Andrade*, *Silveyra*, etc., etc.

Leur religion même a des différences pour eux : ainsi, ce n'est point au temple que se fait la circoncision des garçons, mais dans l'intérieur de leur maison ; leurs prières ne se disent point en hébreu, mais en langue vulgaire. La meilleure traduction de ces prières, qui offre quelques différences avec les prières des Allemands, est due à Venture. Elles furent imprimées pour la première fois en 1772. La Bible dont ils se servent est la Bible espagnole de Ferrare, ainsi appelée parce que ce fut dans cette ville qu'elle fut publiée en 1553.

LE JUIF AVIGNONNAIS.

Tandis qu'au nom du Christ on persécutait les juifs dans toute la chrétienté, ceux-ci ne trouvaient de protecteur que dans le chef même de l'Église catholique, et la ville éternelle était la seule qui ne leur fût pas interdite. C'est d'ailleurs un principe du cabinet de Rome d'accueillir toutes les infortunes, toutes les puissances déchues, de tolérer, dans les États du pape, toutes les opinions religieuses et politiques ; depuis longtemps d'ailleurs on sait que Rome est peut-être la ville de l'univers où l'on jouit de la plus grande somme de liberté.

Avignon devait, à titre de possession pa-

pale, partager les mêmes priviléges ; c'est pourquoi les juifs n'y furent jamais beaucoup inquiétés. Ils y étaient établis depuis le douzième siècle, et les anciens souverains avaient déjà prévenu la tolérance des papes par des priviléges que ceux-ci ne firent que continuer. Ces Avignonais n'ont du reste point d'origine particulière : c'est une réunion de juifs d'extractions différentes. Il paraît qu'une partie de ceux d'Espagne, bannis de leur patrie à la fin du quinzième siècle, vinrent chercher un asile à Avignon ; il en arriva aussi de Provence lorsqu'ils en furent expulsés par Louis XII, en 1501, et de Port-Mahon, lorsque les Espagnols se rendirent maîtres de Minorque, en 1782. Enfin il s'y trouve des Italiens, des Piémontais, et même quelques Allemands.

Pie V ayant, par sa bulle du 20 février

1569, assigné aux juifs de ses États Rome et Ancône pour seules résidences, Clément VIII y ajouta, par une autre bulle du 2 juillet 1593, la ville d'Avignon, où ils furent considérés comme regnicoles, et où ils purent acquérir des biens-fonds.

On sait que le comtat Venaissin, quoique soumis au même souverain, formait cependant un état politique différent d'Avignon, et que sa capitale était Carpentras. Sur la demande des états du pays, les juifs en furent d'abord expulsés, mais ils obtinrent un sursis de deux années pour recouvrer les sommes qu'on leur devait. Le sursis fut ensuite prolongé, et continué de telle manière qu'ils s'y sont toujours maintenus depuis. Cependant, par une défiance bien naturelle, ils ont préféré placer leurs capitaux en Provence ou en Languedoc, où beaucoup d'entre eux s'étaient retirés, et où ils se sont même accrus depuis la révolution, tandis qu'ils ont beaucoup diminué dans le comtat.

Les juifs du Comtat n'y pouvaient acquérir aucuns immeubles autres que les maisons qu'ils habitaient ; ils étaient assujettis à porter, ainsi que presque tous les juifs du monde, excepté les Portugais de Bordeaux, un chapeau jaune orangé, et leurs femmes un ruban de la même couleur sur leur coiffe. Ils n'étaient soumis ni à la milice, ni aux redevances que payaient les autres citoyens ; ils vivaient suivant leurs lois et coutumes, nommaient leurs administrateurs, et faisaient, sous l'approbation de l'autorité locale, tous les règlements de police intérieure. Les chefs de leur communauté étaient appelés *baylons*.

On ne sache pas qu'il y eût un grand

rabbin à Avignon ; leurs affaires religieuses se terminaient à Rome.

Les juifs avignonnais se sont répandus au Pont-Saint-Esprit, à Nîmes, Montpellier, Lyon, Béziers, Carcassonne, Toulouse, Pezenas, Aix, etc. La plupart de ceux de Marseille sont de la même race ; il en vint aussi à Bordeaux, mais bientôt ils en furent expulsés, sans que leurs coreligionnaires portugais cherchassent à les soutenir. Quelques familles restèrent cependant en vertu d'une tolérance tacite, et six d'entre elles obtinrent de Louis XV, moyennant la somme de 60,000 livres, des lettres patentes par lesquelles il leur fut permis de résider à Bordeaux et d'y jouir des mêmes priviléges que les *Portugais* ; quelques autres familles vinrent successivement s'y fixer, et elles formèrent une communauté différente de celle des *Portugais*, avec une synagogue particulière.

Il se trouvait des juifs avignonnais dans Paris, mais ils y étaient en petit nombre et demeuraient presque tous dans l'enclos de l'abbaye Saint-Germain-des-Prés, à cause des franchises dont jouissait ce local, où ils se livraient au commerce de soieries et de merceries sans être molestés par les corps des marchands de Paris, qui refusaient de leur accorder des lettres de maîtrise. Ces derniers avaient même fait rendre en 1777, un arrêt du conseil d'état qui interdisait aux juifs avignonnais de faire ce commerce à Paris, passé le terme de deux ans.

Les Avignonnais cherchent, en général, à se faire passer pour Espagnols ou Portugais, ceux-ci jouissant d'une plus grande considération. Il est en effet probable que plusieurs d'entre eux tirent leur origine de Portugal ou d'Espagne ; mais c'est le très-petit nombre.

Le juif avignonnais n'a point de caractère particulier, ou plutôt, s'il en possède un, c'est d'être plus confondu que ses coreligionnaires des autres races dans la population qui l'entoure. L'habitude d'une longue liberté, le petit nombre de ses frères qui ne lui permettait point de vivre en grande communauté, les lieux différents qu'il habitait, les métiers qu'il exerçait et qui le mettaient en contact permanent avec les autres habitants, son commerce trop peu étendu pour qu'il pût amasser de grandes richesses, les professions toutes manuelles auxquelles il était astreint, tout le fit se relâcher un peu des mœurs et des coutumes de sa nation et revêtir le caractère général.

Cependant il se trouve parmi les juifs avignonnais un assez grand nombre d'usuriers, et il s'en était glissé beaucoup parmi les fameux Lombards qui, au moyen âge, possédaient presque exclusivement le commerce d'argent.

Les Avigonnais sont, pour la plupart, fabricants d'étoffes et de couvertures de laine, ouvriers en soierie, marchands de draps ou d'étoffes de soie, fripiers, marchands de chevaux et de mulets, colporteurs, bouchers, tailleurs, cordonniers, chapeliers, selliers, et vernisseurs.

Ils sont tranquilles et industrieux, mais on a remarqué qu'il n'est point sorti de leur sein d'homme éminent dans les arts, les sciences, la finance ou la politique. On n'en compte pas davantage dans l'état militaire ; on ne cite que M. Crémieux dans le barreau.

Leurs noms même ne les font pas reconnaître, car ce sont des noms portés également par les habitants des communions catholiques ou protestantes des pays qu'ils habitent, tels que ceux de *Brandon*, *Allegri*, *Ravel*, *Vidal*, *Seigre*, *Vieira*, *Pasto*, *Lattard*, *Ducas*, *Cavaillon*. Les juifs avignonnais sont les moins nombreux de France, on en compte de trois mille cinq cents à quatre mille.

LE JUIF ARABE.

La France renferme peu de juifs arabes ; ils se réduisent à quelques familles qui habitent Marseille : ce sont les *Sciama*, les *Altaras*, les *Benaïm*, les *Foa*, etc. Ils se recommandent par leurs mœurs, leur industrie et leur fortune. M. *Isaac Altaras* est peut-être l'Israélite de France le plus digne de se trouver à la tête de sa nation par ses lumières et la haute considération dont il jouit auprès des gens de bien de toutes les communions.

Si la France renferme peu de juifs arabes, en revanche, ils se trouvent en grand nombre dans nos possessions d'Afrique ; mais nous ne nous occuperons pas de ces derniers. Une plume plus exercée que la nôtre s'est chargée de les peindre, et nous avons laissé à notre ami Félix Mornand le soin de nous dire ce qu'ils sont.

LE JUIF ALLEMAND.

Les juifs allemands sont ceux qui peuplent l'Alsace, la Lorraine, le pays Messin, et qui se sont répandus dans la Bourgogne, le Lyonnais, la Franche-Comté, la Normandie, la Flandre, l'Ile-de-France et Paris. Ils forment une masse imposante évaluée à plus de cent mille individus.

Ils se composent non-seulement des juifs établis depuis plusieurs siècles dans l'Alsace, la Lorraine et ce que l'on appelait autrefois les Trois-Évêchés, mais on y comprend aussi les juifs venus de la Pologne, d'Allemagne et de Hollande.

Leur séjour en Alsace fut souvent inquiété. Lors de l'invasion de la peste ou mal noir dans le quatorzième siècle, les habitants de Strasbourg, réduits de seize mille par l'épidémie, furent excités par un cabaretier surnommé Armleder (1) au massacre des juifs que l'on accusait de l'invasion du mal. Malgré la résistance des magistrats, ces malheureux ne purent être arrachés à la fureur du peuple, et ils eurent à opter entre le baptême et le bûcher, où ils périrent au nombre de deux mille au mois de février 1346. La ville de Strasbourg porte encore le deuil de cette tache à son histoire,

(1) Ou *Bras de cuir*, à cause d'un bracelet de cuir qu'il portait au bras gauche comme marque distinctive.

et en signe d'éternelle expiation elle a imposé les noms de *Brûlée* et *des Juifs* aux rues qui se trouvent sur l'emplacement du bûcher où disparurent ces tristes victimes des rages populaires.

C'est en Alsace surtout que la condition des juifs était malheureuse et abjecte; ils dépendaient de la volonté des seigneurs particuliers, qui les rançonnaient honteusement; ils étaient assujettis à toutes sortes d'impositions et taxes humiliantes autant qu'onéreuses. A Strasbourg, par exemple, ils payaient un droit par tête, en entrant et en sortant; il leur était défendu d'y coucher une seule nuit sans autorisation et sans payer une nouvelle taxe de 3 livres par jour.

Indépendamment des charges particulières, les juifs supportaient aussi leur contingent dans les impositions de la province et des communes; ils n'étaient exempts que du service militaire.

Ils ne pouvaient témoigner en justice contre les chrétiens, ni leur céder leurs créances litigieuses; il leur était défendu de tenir des cabarets et d'avoir pour domestiques des chrétiens. Ils ne pouvaient loger sous le même toit que ces derniers, et n'étaient pas reçus dans les communautés d'arts et métiers; ils étaient tenus de s'abstenir de tout travail les jours de dimanche et de fête des chrétiens. Ils ne pouvaient se servir de caractères hébraïques dans les actes qu'ils passaient avec ceux-ci; enfin les enfants naturels nés d'eux devaient être élevés dans la religion catholique, comme appartenant à l'État.

Les juifs d'Alsace ne jouissaient pas du droit de cité, mais Louis XIV leur rendit communs les priviléges dont jouissaient ceux de Metz : en conséquence, ils ne pouvaient posséder que des maisons d'habitation ; il leur était cependant permis d'acheter d'autres biens-fonds, à la charge de les revendre dans l'année : mais cette licence leur fut retirée en 1784. Ils pouvaient fréquenter les foires et marchés et se livrer librement au brocantage, au prêt d'argent, à la banque et à toutes sortes de commerce en gros et en détail.

Ils jouissaient en pleine liberté de leur culte, et avaient de grands rabbins qui connaissaient en première instance de leurs contestations civiles, et remplissaient les fonctions de notaire pour les actes de mariage ; ils apposaient aussi les scellés et faisaient les inventaires après décès, à moins que quelque chrétien ne se trouvât interressé à la succession.

Les juifs de Metz y sont établis depuis

très-longtemps ; mais ils éprouvèrent de fréquentes persécutions, et ce n'est qu'à force de contributions énormes qu'ils sont parvenus à s'y maintenir. Aussi leur communauté, comme celle de Strasbourg, laissa des dettes considérables lors de sa dissolution en 1791. Ils étaient soumis à toutes les vexations ordinaires, et un arrêt de 1703 leur avait même assigné le costume suivant : *chapeau jaune sans forme, petit manteau noir, rabat blanc* et *longue barbe.*

Les juifs de Lorraine et de Nancy, cet autre grand centre de population israélite, éprouvèrent plus de difficultés encore pour y être tolérés. Ce n'est guère que depuis l'occupation militaire de la Lorraine par Louis XIV, à la fin du dix-septième siècle, qu'ils s'y sont établis d'une manière fixe ; cependant plusieurs ordonnances qui ne furent pas exécutées leur enjoignirent à diverses reprises de quitter le territoire.

Le roi Stanislas s'occupa beaucoup de leur règlement intérieur et de leurs coutumes.

L'âge de majorité pour les juifs allemands était fixé à treize ans pour les affaires qu'ils avaient entre eux. Les filles n'avaient dans les successions directes que la moitié de la part qui revenait aux garçons; pour les autres héritages, les mâles excluaient les femmes à degré égal de parenté. Un mari héritait du bien de sa femme après trois ans de mariage.

L'année 1775 fut signalée par un acte inouï dans l'histoire des misères d'Israël, ainsi que dans les fastes des bontés et des tolérances royales. La famille Cerfberr, par lettres patentes du 5 avril, fut pleinement naturalisée, autorisée à acquérir des immeubles et à s'établir dans toute l'étendue du royaume. C'est ainsi qu'elle habita la première la ville de Strasbourg. Le chef de cette famille, dont la mémoire du peuple alsacien et lorrain conserve le souvenir sous le nom de *grand-père Cerfberr*, fut l'ami intime de l'illustre Malesherbes; et c'est à son instigation que le grand ministre se décida à affranchir les juifs. Ce fut lui qui fit reconnaître valable par le parlement de Paris la nomination qu'il avait faite à une cure, en vertu de son droit, comme seigneur propriétaire d'une terre seigneuriale.

L'assemblée constituante, après s'être déjà plusieurs fois occupée des juifs dans ses séances du 1er octobre et du 24 décembre 1789, et du 28 janvier 1790, décida, par un décret du 16 avril suivant, sanctionné par le roi le 18, que les juifs d'Alsace et des autres provinces seraient mis sous la sauvegarde de la loi.

Un autre décret du 20 juillet suivant supprima toutes les redevances perçues sur les juifs à quelque titre que ce fût; enfin un décret du 27 décembre 1791, sanctionné par le roi le 13 novembre, révoqua généralement toutes les réserves et exceptions insérées à l'égard des juifs dans les lois antérieures, et prononça que tous ceux qui réunissaient les conditions prescrites par la constitution pour être être citoyens français jouiraient de tous les droits et avantages attachés à cette qualité.

L'Israélite allemand est le type et le prototype du juif tel qu'on le dépeint et que nous le connaissons en général. Il est astucieux, avide et rapace, sans foi et sans loi, quoique d'une dévotion fanatique, lorsqu'il se trouve dans les derniers rangs de sa nation ; mais s'il prie Dieu, ce n'est que pour lui demander le bien-être matériel. Il n'est pas vrai qu'il le prie de l'aider à tromper le chrétien dans les transactions qu'il fait avec lui, mais il n'a pas besoin du secours divin pour s'en acquitter avec habileté et succès. Il a une incroyable activité d'intelligence et d'imagination ; mais il est fainéant et lâche ; il n'est propre qu'une fois par an, à Pessach ou fête de Pâques, parce que c'est une obligation de sa religion de balayer sa maison, de brosser ses habits, de faire de fréquentes ablutions, de renouveler sa vaisselle, et de manger, en ressouvenance de la traversée du désert, des pains azymes. Il reste sept jours en fêtes et en prières, se restaurant de la manne divine, et se retrempant en Dieu. Aussi s'aperçoit-on bientôt de cette régénération, lorsqu'au printemps les laboureurs ont besoin de recourir aux emprunts pour le temps des semailles. L'usure a procuré aux Juifs la propriété de la moitié de l'Alsace. C'est la grande plaie de notre époque : l'usure se commet dans nos campagnes avec autant d'impudence que d'impunité; la petite propriété est dévorée par ce chancre qui ronge tout. Il faudrait un volume pour énumérer les moyens honteux et perfides employés par les juifs pour attirer à eux toutes les parcelles de terrain qui excitent leur convoitise, et nous ignorons s'il pourra se trouver dans l'esprit de nos lois modernes quelques dispositions assez fortes pour arrêter les progrès de ce mal, lorsqu'on sera obligé d'en déférer à la législature. Ce ne sont plus les juifs qui se recouvrent du sac de douleur ; ce sont les paysans de nos campagnes qui portent le deuil des iniquités d'Israël.

Il s'est fait de cette manière, parmi les

juifs d'Alsace, des fortunes considérables que la plupart dépensent avec magnificence, car le juif allemand est vain et orgueilleux, fier et vindicatif; il n'a rien perdu des défauts de ses pères.

Nous avons dit qu'il était intelligent : prenez en effet le juif le plus dégoûtant, de l'ignorance la plus crasse, de l'accoutrement le plus déguenillé, de la tournure la plus meshaignante (comme dirait le pantagruéliste Rabelais), faites-le laver, peigner et barbifier, emboîtez ses jambes dans des bottes non encore éculées, revêtez ses membres d'habits quasi-neufs; au linge blanc de sa chemise attachez des boutons en faux à 39 sous, faites servir sa tête de champignon à un chapeau retapé, recouvrez ses mains galeuses de gants beurre frais, armez-les d'un bâton de sapin peint en jonc, surmonté d'une pomme en melchior, glissez dans sa poche quelques écus, et aussitôt vous verrez cette espèce de Quasimodo se redresser et se fendre : il aura l'air superbe, le regard assuré, le geste vif, la parole arrogante et saccadée, il se promènera en dandy sur le boulevard de Gand; et, grâce à son baragouin alsacien, à son accent étranger, il se donnera pour un baron allemand, et dînera le même soir au café de Paris aux dépens de sa dupe.

Il y a quinze ou dix-huit ans qu'est sorti de Bischheim, village près de Strasbourg, habité par une colonie de juifs, et patrie de tous les marchands de bijoux contrôlés, de tous les marchands de rubans et de fil ambulants, de tous les débitants de cordons de sûreté en caoutchouc, de tous les marchands de lunettes, de cannes, de portefeuilles, de gilets et de pantalons confectionnés, de montres avec leurs chaînes pour 25 sous, de coupe-papier en ivoire, et de plumes avec leur porte-plume, de mouchoirs de Chollet, de calicot de Mulhouse, de fichus de Lyon et de mousseline de Beaucaire, enfin de tous ces flibustiers qui encombrent nos boulevards et nos carrefours, auxquels la police fait une chasse continuelle, et qui sont bien connus en Alsace sous le nom de *Nixhandlers* (1); il en est sorti, disons-nous, un jeune gars qui se mit à parcourir le monde en vendant des aiguilles anglaises fabriquées en Prusse.

Dieu sait quels autres métiers il joignit à cette importante industrie pour subvenir à ses faciles besoins, mais quelques années après, il revint au pays gueux comme devant.

(1) Corruption du cri : *Haben sie nix zu Handlen?* n'avez-vous rien à vendre, ou, pour parler plus juste, à *brocanter ?*

Cependant, comme il était intelligent, il ne désespéra pas de la fortune et se fit *courtier marchand d'hommes*. Le sort lui devint favorable : bientôt il travailla pour son propre compte; le cercle de ses opérations s'étendit et se développa tellement, qu'il remplit de ses agents toutes les localités de l'Alsace et de la Lorraine; il est devenu riche, propriétaire, électeur, éligible peut-être.

Il y a quelque temps il eut fantaisie d'acheter une maison et de monter son ménage sur un train analogue à sa fortune; car en devenant riche il a pris des goûts de faste et de dépense ; il est fashionable; amateur de musique et d'arts ; il parle politique, agronomie, je crois même littérature.

Il avisa donc la confortable habitation d'un homme, connu par son goût et la recherche de son ameublement ; le marché fut bientôt conclu et la maison fut livrée au juif avec tout ce qu'elle contenait ; car il ne voulut pas qu'on en déménageât la moindre chose, s'imaginant qu'il lui suffirait d'être le possesseur de tout cela pour avoir, comme le premier propriétaire, réputation de lumière, de goût et de savoir-vivre.

Une affaire m'amena chez lui l'année dernière. Avant de pénétrer dans le cabinet de l'important *marchand d'hommes*, je fus obligé de faire antichambre pendant près d'une heure ; enfin on m'introduisit à travers une enfilade d'appartements somptueux, où toutes les jolies choses qui s'y montraient étaient étalées de manière à dire aux visiteurs : Admirez-nous. Le cabinet où j'entrai était décoré avec le luxe le plus recherché et le plus délicat : une vaste bibliothèque cachait la tapisserie du fond ; le bureau devant lequel était assis mon financier était couvert de papiers et de journaux ouverts et épars ; un magnifique encrier de bronze et de marbre y occupait une large place ; lui-même, revêtu d'une ample robe de chambre chamarrée de mille dessins fantastiques aux mille couleurs, avait la plume sur l'oreille, et une tache d'encre, qui salissait le médium de sa main droite, faisait ressortir davantage le gros brillant qui l'ornait. A mon entrée, il semblait sortir d'une profonde méditation faite à la lecture des *Débats ;* il me reçut avec une aisance et une certaine aménité qui n'étaient pas trop d'emprunt. Je lui exposai mon affaire et lui présentai quelques papiers à l'appui ; il eut l'air de les examiner les tournant et les retournant ; puis, appelant un secrétaire qui apparut au premier coup de sonnette, il lui demanda son avis. L'affaire fut promptement et rondement conclue. En sortant je dis au secrétaire : « Il paraît que M.... a grande confiance en vous, puisqu'il vous consulte sur une si petite chose.

— Mais comment ferait-il autrement, répondit-il ; il ne sait ni lire ni écrire ! »

Les juifs allemands sont en général merciers, colporteurs, brocanteurs, marchands de chevaux, de bestiaux et d'hommes, fripiers, bouchers, marchands de cuirs et de fer, commissionnaires, prêteurs sur gages et à la petite semaine ; ceux qui exercent des professions industrielles, préfèrent celles de tanneur, corroyeur, gantier, cordonnier, tailleur, horloger.

Ils sont faciles à reconnaître par leurs noms, quoique le décret du 20 juillet 1808 ayant obligé tous les juifs à prendre des noms de famille et des prénoms fixes, beaucoup en ont choisi qui ne décèlent ni leur origine ni leur nation. Une remarque singulière à faire, c'est qu'un grand nombre ont emprunté des noms de villes et de contrées, tels que : *Mantoue, Spire, Morange, Worms, Coblentz, Wittersheim, Francfort, Lyon, Reims, Hess, Brunswick, Fould, Ratisbonne*, etc.

Les noms les plus communs sont ceux de *Mayer, Blum, Weill, Beer, Singer, Strauss, Lévi* (1), *Aaron, Dreyfus, Beyfus, Cahen, Oppenheim, Cerf, Gunzberger, Goudchaux, Lippmann, Séligmann, Bloch, Baumann, Lange*, etc.

. . . .

. . . .

Les juifs allemands n'ont qu'une qualité produite et entretenue, à la vérité, par le besoin : ils se soutiennent entre eux; leurs

(1) Le nom de *Lévi*, est commun à toutes les races; les Israélites qui le portent prétendent descendre de la tribu de ce nom.

pauvres leur sont communs, et leur charité se manifeste largement aux principales fêtes de leur culte, particulièrement à celle de פסח (*Pessach*) ou Pâques, en commémoration de la sortie d'Égypte ; de שבועות (*Schvouoth*) ou Pentecôte, pour célébrer la promulgation de la loi sur le Sinaï ; des סוכות (*Soucoth*) ou Tabernacles, en souvenir du séjour dans le désert ; de ראש השנה (*Rosch-Haschana*) ou nouvel an. Pour célébrer dignement ces saints jours de joie, l'Israélite doit les passer au milieu des festins, autant que dans les prières ; aussi la charité pourvoit à ce que l'indigent ne puisse manquer, pour ces temps, aux obligations religieuses ; il reçoit en abondance tout ce dont il a besoin pour vivre grassement.

Les prescriptions de leurs lois contiennent des obligations et des défenses qui rendent la vie animale très-difficile : outre des jeûnes fréquents, dont le principal est celui de יום כיפור (*Jom Kipour*) ou grand jour de pardon et d'expiation, les Israélites dévots s'abstiennent de la chair des animaux immondes, défendue par les livres de la loi; de manger le sang et le suif; de faire usage de la chair des animaux permis qui ne seraient pas *coschers*, c'est-à-dire qui n'auraient pas été tués selon le rite traditionnel appelé שחיטה (*Schéchita*); de faire usage d'aliments où la viande et le laitage se trouvent mélangés, selon le commandement de l'Écriture : « Tu ne cuiras pas le chevreau dans le lait de sa mère. » Ils observent le sabbat ou jour de repos le samedi, en ne faisant aucun travail; par cela ils entendent ne pas s'occuper des soins quotidiens du ménage, ne pas voyager, ne pas cuire, ne pas toucher de monnaie, ne pas même moucher une chandelle ; ils peuvent à peine remuer un membre sans craindre de contrevenir à la stricte observance des obligations religieuses. Aussi les juifs ont-ils pour ce jour seulement des serviteurs chrétiens qui les dispensent de pécher.

Ces défenses sont si respectées par le peuple israélite, que rien ne peut le forcer d'y contrevenir. Je me rappellerai toujours qu'au temps de mon enfance, traversant la rue un samedi, un petit juif tout déguenillé vint me prier de ramasser, en ma qualité de גוים (*goyim*), ou philistin, mécréant, une pièce de deux sous qu'il ne pouvait prendre lui-même à cause du sabbat. Je ramassai le décime et je courus l'échanger contre un gâteau, me montrant moins généreux que l'enfant de Jacob, puisque je ne lui proposai même pas, je crois, de le partager.

Ce n'est pas la seule habitude respectable que possèdent les juifs ; ils en ont de plus touchantes encore, telles que les sentences tirées de l'Écriture sainte, qui décorent chacune de leurs portes, et qu'ils baisent dévotement chaque fois qu'ils en franchissent le seuil ; ils ne se mettent jamais à table sans se couvrir la tête, réciter quelques prières et faire une ablution qui malheureusement n'atteint que le bout des doigts ; au commencement de chaque repas, le père de famille rompt un morceau de pain dont il offre la moitié à sa femme, qui termine un verset que le mari a commencé ; lorsqu'un juif étranger se trouve du repas, il prend part à cette homérique rupture du pain. Les familles aisées ont ordinairement à leur table, les samedis et autres jours de fête, quelque pauvre coreligionnaire, qui reçoit l'hospitalité pour toute une journée. C'est le samedi également qu'on allume dans toutes les maisons la lampe traditionnelle à sept becs. On sait que le nombre sept est le nombre mystique des juifs, et que, plus que tous autres, ils semblent pénétrés du mot latin *numero Deus impare gaudet.*

Tout ce que mangent et tout ce dont se servent les Israélites doit être sanctifié, c'est-à-dire כשר (*coscher*) ; tout ce qui n'est pas empreint de cette sanctification est réputé טריפה (*treiffeh*) ou profane. Or, la moindre chose peut faire perdre aux objets leur sainte consécration : une goutte de lait qui tomberait sur de la viande ou du poisson, un peu de sang dans un œuf, une vaisselle étrangère au ménage ou non destinée à l'emploi qu'on en fait par mégarde, l'attouchement d'une main chrétienne, mille autres petites causes enfin suffisent à la réprobation : et pour ne pas perdre entièrement le prix de l'objet profané, on court chez le rabbin qui donne une dispense moyennant une rétribution modique, qui forme encore une bonne partie de ses revenus. Ils ont leurs bouchers particuliers, car ils ne pourraient manger de la viande dépecée par un chrétien ; et d'ailleurs il ne leur est pas permis d'assommer les animaux, il faut qu'ils procèdent par effusion de sang.

Ce sont les bouchers qui ordinairement servent de *Willaumes* à la plupart des juifs allemands. C'est en parcourant les villages pour pourvoir aux besoins de leur état, qu'ils s'enquièrent des filles à marier ; ils traitent d'une femme en achetant une vache ou un mouton ; les affaires se bâclent très-vite, ce qui donne lieu souvent à bien des mécomptes.

Dans leurs excentriques habitudes, il faut signaler encore celle de se faire tailler la barbe au moyen de ciseaux, au lieu d'employer le rasoir, instrument dangereux qui pourrait profaner par un coup maladroit les saintes mandibules de l'enfant d'Israël. Leurs cérémonies funèbres sont très-touchantes et très-minutieuses.

Les extrêmes se touchent : c'est en vertu de cet axiome banal que l'on trouve chez les juifs allemands, plus que chez leurs coreligionnaires portugais et avignonnais, de ces vertus et de ces qualités qui font sortir un homme de la condition commune ; s'ils sont ignorants et arriérés, ils ont tenté comparativement plus d'efforts pour se mettre à la hauteur du siècle : ce sont eux les premiers qui ont embrassé les professions libérales ; le célèbre et trop méconnu Michel Beer, de Nancy, fut le premier avocat de sa nation. Les premiers aussi, ils s'allièrent avec des chrétiens et se distinguèrent sur les champs de bataille et dans les arts. Ils sont arrivés aux plus hauts emplois ; eux seuls ont fourni un lieutenant-général, des officiers supérieurs et autres de toutes armes ; des membres distingués de la diplomatie, des savants d'un renom européen, des financiers célèbres, beaucoup de médecins distingués et plus encore de musiciens habiles. Chez eux aussi se trouve ce qui reste des traditions et des mœurs primitives de la vie patriarcale ; traditions et mœurs, hélas ! qui se perdent tous les jours.

Quoique le juif allemand meure ordinairement dans l'impénitence finale, il arrive quelquefois qu'il s'amende, surtout lorsque sa fortune est faite. Ces juifs sont alors véritablement bons et généreux ; ils pratiquent le bien sans ostentation, vivent sans faste et sans morgue ; ils donnent à leurs enfants une éducation solide et libérale ; ils sont citoyens utiles, et la patrie peut compter sur eux au temps du danger; ils sont francs et loyaux, reconnaissent les erreurs de leur nation, et comme alors aucun intérêt ne les oblige à dissimuler leurs sentiments, ils confessent la vérité et presque tous sont christianisants (1).

. . . .
. . . .
. . . .
. . . .
. . . .
. . . .
. . . .

(1) Il y a une quinzaine d'années qu'à la voix de M. Bautain, le célèbre professeur de philosophie à l'académie de Strasbourg, plusieurs des fils des meilleurs familles israélites d'Alsace et de Lorraine reçurent le baptême, et prirent avec le maître la soutane du prêtre qu'ils illustrent par leur union,

LA JUIVE.

La femme juive a plus gagné aux bienfaits que les progrès de la civilisation et de la liberté ont amenés, que son époux. Celui-ci était en butte au dehors à toutes les vexations, à toutes les tyrannies du despotisme et de l'ignorance ; mais, rentré chez lui, il devenait à son tour maître et tyran, la femme n'était qu'esclave partout et toujours, et c'est sur elle que retombaient les effets d'une humeur longtemps contrainte. Elle n'était pas, selon les exigences et l'instinct de la loi naturelle, la mère de ses enfants; c'était

leur piété, leurs talents, leur profonde abnégation, et une parole éloquente qui annonce en ce moment la parole divine sous les principales basiliques de Paris.

tout simplement l'instrument de ses plaisirs, un souffre-douleur incessamment destiné à apaiser les peines et les chagrins de la misère et de la persécution.

Chargée de tous les soins domestiques, de perpétuer la famille, la femme juive ne semblait être née que pour cela ; sa vie monotone se passait au milieu de toutes ces préoccupations, sans volupté et sans bonheur ; heureuse encore lorsque son abnégation et son dévouement ne lui attiraient pas des plaintes et des mauvais traitements.

La femme n'était comptée pour rien dans l'état social des Israélites; sa naissance n'était point consignée, comme celle des hommes, sur le registre de la communauté; son décès n'était également l'objet d'aucun acte pareil ; sa vie active et souffrante passait sur la terre, comme l'ouragan ; on ne sait d'où il vient, on ignore où il se perd ; mais il laisse de son passage des traces profondes.

On n'enseignait aux filles juives rien de la littérature, des sciences ou des arts; rien des métiers, rien de la morale ni de la religion ; on ne les habituait qu'à souffrir et à se taire. L'entrée du temple leur était interdite jusqu'à leur mariage, et l'on a peine à concevoir leur dévotion et même leur fanatisme, lorsqu'on sait que le judaïsme n'a rien pour les femmes, qu'il ne leur accorde aucune place dans la hiérarchie sociale, et qu'au lieu de leur laisser la part notable qu'elles ont à notre humanité, il ne les regarde que comme des meubles indispensables, dignes à peine de quelques égards et de quelque attention.

Mais ce qui expliquera cette anomalie, c'est l'ignorance où l'on maintenait les femmes, l'exagération de leur imagination si ardente et si peu disciplinée ; c'est la persécution et toutes ses horreurs ; c'est le besoin d'une foi placée au fond de tous les cœurs ; ce sont ces angoisses continuelles d'épouse et de mère qui firent tant de fois pleurer Rachel sur ses enfants.

Depuis qu'elle est rendue à la société, depuis qu'elle est rentrée dans le droit commun, la femme juive a prouvé qu'elle était digne de la place qu'elle a conquise. Elle a déployé toutes les fertiles ressources dont l'avait dotée la nature, elle s'est montrée femme d'esprit et de talent, de cœur et de raison, d'imagination et de poésie ; elle a une profonde intuition de l'art, et ses effets sont d'autant plus grands que ses facultés ont été plus longtemps comprimées et méconnues.

Ce sont des juives qui occupent les premières places dans la musique et la chorégraphie de nos théâtres ; elles ont fourni à la littérature une plume distinguée autant qu'exercée, et enfin l'art d'Eschyle et de Sophocle ne se serait pas relevé de ses pompeuses ruines, Corneille et Racine n'eussent plus trouvé d'interprète sans l'admirable tragédienne qui s'est révélée tout à coup au monde étonné.

Belle comme Rachel, la juive est féconde comme Lia ; et si c'était encore une bénédiction du ciel que d'avoir une nombreuse progéniture, les Israélites seraient bénis trois fois. Il n'est pas rare de voir des familles composées de dix ou douze enfants, surtout, ainsi que nous l'avons déjà fait observer, dans les classes pauvres de la nation.

Les juifs marient leurs enfants de bonne heure, selon le précepte de la loi ; c'est ce qui fait que les femmes se fanent et passent très-vite, d'autant plus qu'aussitôt mariées elles négligent beaucoup le soin de leur toilette ; elles font à leur mari le sacrifice de leur chevelure, et ne s'occupent plus que des choses du ménage ; elles rentrent enfin dans l'état commun de malpropreté ordinaire à leur caste.

La beauté des filles juives est toute raphaélique ; c'est bien ce port gracieux et quelque peu fier, ce regard mélancolique et doux, ce teint un peu bruni, tout le composé suave enfin qui fait des vierges du peintre d'Urbin le type de la beauté et de la majesté féminines.

Malheureusement un tempérament de feu caractérise généralement les beautés juives, et c'est pour un grand nombre d'entre elles un écueil qui les fait facilement tomber et se livrer à toute la corruption de l'époque, sans qu'elles soient retenues par les appréhensions religieuses qui s'effacent de jour en jour dans le judaïsme, à mesure que la persécution et le danger disparaissent. Les juives sont en grande faveur près des artistes, qui trouvent en elles des modèles achevés ; et c'est une de ces femmes avec ses enfants qui fournit à notre ami Carle Elshoëct les charmantes figurines de bois dont cet habile sculpteur a dévoré le palais du Luxembourg, et les belles statues destinées à l'Hôtel-Dieu de Lyon.

La femme juive a, moins que tout autre, dépouillé le caractère de son sexe ; elle est impérieuse et bavarde, faible et crédule, médisante et cancanière ; son état continuel de parturition la rend acariâtre et sanguine ; elle a des habitudes très-casanières ; elle méprise profondément les chrétiennes et médit de ses coreligionnaires. Dans les quartiers où elles sont nombreuses, elles se réunissent pour se livrer plus facilement à l'exercice de l'instrument qui était pour

Ésope un objet à la fois de si vive prédilection et de si forte antipathie ; c'est en humant leur tasse de café, cette condition si essentielle de l'existence d'une femme juive, qu'elles passent en revue les patients en butte à leur médisance ; et Dieu sait quel piquant chapitre on pourrait écrire de leur malicieux caquetage ! Du reste, elles sont sensibles et généreuses ; la charité est une vertu qu'elles pratiquent mieux que l'humilité et l'obéissance conjugales, et quand elles appartiennent aux premières familles, qu'elles ont reçu une éducation soignée, elles font les honneurs d'un salon avec une rare distinction, une grâce et un esprit parfaits ; je ne citerai pour preuve que la noble et bienfaisante dame de Rotschild.

LE RABBIN.

Un Israélite, homme honorable, de sens et d'esprit, publia, en février 1820, sur les consistoires israélites de France une brochure remarquable dont nous extrayons les lignes suivantes : « Je me garderai d'accréditer les insinuations qui pourraient faire croire que nos rabbins sont, à l'instar des ministres catholiques, les directeurs de nos consciences, parce que cela est faux ; je me garderai d'avancer que les hommes qui président à l'administration de notre culte s'acquittent de leurs fonctions conformément aux lois et selon les règles de la sagesse, de l'ordre et de l'économie, parce que cela est faux ; que ceux qui sont chargés de porter aux indigents le produit de la charité remplissent avec impartialité ce pieux ministère, parce que cela est faux ; que nos Israélites opulents consacrent leurs soins à la régénération des classes inférieures, parce que cela est faux; que les consistoires enfin méritent la reconnaissance de leurs administrés et la confiance du gouvernement, parce que ces deux points me paraissent de toute fausseté. »

Nous sommes heureux d'avoir trouvé dans l'intéressant livre de M. Singer la confession de vérités qui nous pesaient à déclarer; cela nous délivre des reproches de partialité ou de prévention qu'on aurait pu nous imputer.

Vingt années déjà ont passé sur ces paroles du consciencieux Israélite, et les mêmes plaintes, les mêmes accusations, bourdonnent encore à nos oreilles, grossies par le temps; l'on peut adresser aux consistoires et aux rabbins, chargés de la régénération d'Israël, ces terribles paroles de la Genèse : *Caïns, qu'avez-vous fait de vos frères !*

La nécessité où se trouvèrent plusieurs

États de l'Europe de donner aux Israélites des juges qui pussent prononcer dans les affaires litigieuses où les lois hébraïques étaient souvent invoquées, donna naissance à l'autorité temporelle des rabbins. Des lettres patentes du 21 mai 1681 constituèrent cette autorité; les rabbins devinrent, en matière de religion, de police et de droit civil, les juges des Israélites. Leurs sentences, pour être exécutées, n'avaient besoin que de la sanction du juge ordinaire; toutefois le recours des parties à cette autorité était facultatif.

Nous avons déjà dit qu'ils remplissaient les fonctions de notaires; ils essayèrent de donner de l'extension à leurs attributions; mais un arrêt du 12 mai 1754 et les lettres patentes du 10 juillet 1784 réprimèrent leurs prétentions et restreignirent leur pouvoir; puis la révolution vint, qui mit fin à ce pouvoir temporel, pour ne leur laisser que des fonctions purement spirituelles.

C'est sous ce dernier rapport surtout qu'ils sont faibles et nuls ; car leur office n'égale point l'importance du saint ministère des prêtres chrétiens. Ce ne sont point eux qui font retentir les temples des cantiques et des prières ; ce n'est point leur voix qu'accompagne le *schofar* sonore ; ils ne font pas retentir du haut de la chaire de sublimes vérités ; ils ne vont point dans les familles porter l'espérance et la consolation ; ils ne recherchent point la misère pour la secourir, les larmes pour les sécher ; ils ne guérissent pas les plaies du cœur, les maladies de l'âme ; ils ne célèbrent point d'ineffables mystères ; ils ne sont point les confidents des consciences ulcérées ; ils n'ont pas reçu du ciel le don de pardon et de miséricorde ; ils ne sont obligés ni au dévoûment aveugle, ni à l'obéissance passive, ni à la chasteté sévère; ils n'ont pas fait vœu de pauvreté.

Leurs fonctions sacerdotales se bornent à la célébration du mariage, et leurs attributions, à la prononciation d'un très-petit nombre d'oraisons.

Ils sont docteurs de la loi et passent pour avoir une connaissance profonde du Talmud; ils sont canoniquement investis du pouvoir de conférer à un laïque quelconque le diplôme du rabbinat, diplôme qui est compatible avec toutes les professions; ils ne possèdent les éléments d'aucune science utile; ils ignorent, pour la plupart, jusqu'à l'usage de la langue nationale; celle qu'ils parlent est un idiome allemand, corrompu par la prononciation hébraïque et par un amalgame de mots hébreux ou syriaques; leur attachement fanatique à des pratiques absurdes, dont le temps et la raison ont fait justice, est un titre à leur considération mutuelle et à la vénération des orthodoxes.

« Leur présomption, dit M. Singer, est aussi excessive que leur ignorance est profonde ; si on invoque leurs lumières sur des questions religieuses, ils opposent les mystères; si on les presse, ils crient à l'irréligion; si on insiste, ils se fâchent ; ils ont la fatuité du pouvoir et la volonté de l'intolérance. »

Or, nous le demandons en toute conscience et en toute vérité, quelle puissance peut avoir une religion enseignée par de tels ministres ; comment les lumières pénétreront-elles dans Israël? comment s'effectuera la régénération de cette sentinelle perdue de la civilisation, immolée la première aux exigences de la foi nouvelle, de la nouvelle raison ?

Certes, tant que les Israélites auront pour interprètes de leur religion leurs tanneurs, leurs colporteurs, leurs escompteurs, voire même leurs usuriers, car la plupart exercent ces nobles et libérales professions, jamais ils ne se trouveront à la hauteur de l'époque.

La révolution de juillet a déjà accompli un bienfait immense en salariant le culte israélite (1), comme les autres cultes de l'État. Précédemment c'était au moyen de cotisations consistoriales qu'il était pourvu à cette nature de dépenses, sujet continuel de plaintes amères et de refus intéressés. Il faut que le gouvernement complète ce bienfait en suivant l'exemple que vient de lui donner l'empereur Nicolas, c'est-à-dire en créant une école normale, une espèce de grand séminaire pour les études rabbiniques (2); que désormais le diplôme qui con-

[1] Le budget affecte annuellement 100,000 fr. à cette dépense.

[2] On ne peut considérer comme suffisante l'école établie à Metz.

fère le ministère religieux ne soit plus accordé à l'incapacité ; qu'un rabbin soit en effet un homme instruit et moral ; qu'il ne puisse arriver aux fonctions élevées du sacerdoce qu'après de longues et sérieuses études ; que la position qu'on lui fera lui permette de vivre honorablement, sans avoir besoin de recourir au négoce ou aux arts manuels pour soutenir sa famille ; qu'on lui enseigne à répandre une morale pure, détachée de toutes ridicules superstitions, de toutes nuisibles subtilités ; qu'il puisse recommander l'indulgence et la charité ; qu'il soit convaincu que l'intolérance n'enfante que des ennemis de Dieu ; qu'on lui donne une instruction libérale et variée ; qu'on l'instruise dans les sciences, dans l'histoire nationale, dans les lois du pays ; qu'il sache aimer la patrie et le roi, et qu'au besoin il soit le premier à commander à ses frères de voler à la défense de nos frontières menacées.

C'est ainsi qu'on parviendra à pousser les juifs dans la nouvelle voie du progrès : ils ne formeraient plus désormais une nation à part, ayant ses mœurs, ses coutumes, ses intérêts particuliers; et ils écouteraient la voix qui leur parlerait de régénération, de progrès, de lumières et de charité.

Déjà nous avons parmi les rabbins des hommes éclairés, dignes de leur sainte mission; mais ils se réduisent à trois ou quatre, dont l'un est attaché au consistoire départemental de Paris, et les autres sont disséminés dans les grandes villes de France.

Mais c'est surtout sur la masse qu'il faut agir, c'est dans les plus petites et les plus obscures localités qu'il faut faire pénétrer le flambeau de la vérité ; c'est sur les plus infimes interprètes de la loi que l'attention doit surtout se porter, car ceux-là ont sur leurs coreligionnaires l'influence la plus directe.

. . . .

De tout ce qui précède, il faut conclure que, si le temps de la régénération est venu pour Israël, l'œuvre est encore loin de se trouver achevée. L'affranchissement moral des juifs doit provenir plus encore de leurs efforts que des tentatives du gouvernement, que de l'extinction des préventions et des préjugés de leurs concitoyens des autres communions. Ce doit être surtout l'affaire de la sollicitude des consistoires; malheureusement ceux-ci ont besoin eux-mêmes du progrès et de la lumière. Préposés à la garde du troupeau, ils le laissent dévorer par les loups, et ronger par la lèpre ; leur apathie est aussi grande que leur incurie est profonde. Au lieu de diriger le mouvement, ils semblent en ignorer la marche ; au lieu d'être composés d'hommes moraux, actifs et éclairés, pieux et probes, ils ne comptent dans leur sein que des juifs *riches*, qui se bornent à n'être que cela. Or, ce ne sont point juifs ces *dorés*, comme les appelle spirituellement un Israélite aussi savant que consciencieux, et qui, pour cela même, s'est toujours vu repousser des consistoires ; ce ne sont point ces juifs dorés, disons-nous, qui accéléreront le travail de l'affranchissement. Pour produire une pareille œuvre, il ne faut pas la confier à l'égoïsme ni à l'étroitesse d'idées ; à l'intérêt de localité ni aux convenances de famille ; à la tendance stationnaire et même rétrograde de la plupart des notables Israélites qui remplissent les fonctions consistoriales. Ils n'enseigneront pas la probité et la tolérance, la religion du serment et l'amour du pays ; la charité et l'union, les vertus domestiques et civiles, l'obéissance aux lois, ceux que le peuple connaît pour être financiers discrédités, contrebandiers rusés, usuriers impitoyables, négociants peu consciencieux, ceux qui vivent dans l'impiété, dont la vie privée est un scandale, dont les enfants n'ont été ni circoncis ni baptisés.

Nous n'ignorons pas ce qui a été fait pour la grande œuvre de régénération ; nous en connaissons les auteurs, et nous leur rendons justice ; mais, nous le répétons, ce que l'on a fait n'est pas suffisant ; la tâche est à peine commencée ; on a créé des écoles industrielles pour la jeunesse israélite, on s'est efforcé de la détourner de l'oisiveté et du colportage, en l'instruisant de professions manuelles ; mais ce n'est pas tout encore.

Il faut détacher les juifs de tout esprit de *mercantilisme ;* il faut les attacher au sol, et, pour y parvenir, il faut les appliquer à l'agriculture. Les Israélites, qui professent pour leurs dogmes, les lois de Dieu et les mœurs de leurs ancêtres, un si profond attachement, semblent avoir oublié l'état pour lequel ils sont nés. Le peuple d'Abraham naquit pasteur et agronome, et sa destinée était de rester toujours ainsi sans ambition de conquêtes ; sans désir de luxe et de futiles richesses. Les institutions mosaïques, qui tendaient à l'isoler des autres nations, lui faisaient une loi impérieuse de l'agriculture, en lui interdisant pour ainsi dire le commerce et les relations avec l'extérieur. L'Écriture sainte est pleine de passages qui recommandent l'agriculture et en célèbrent les bienfaits. Toutes les sentences, toutes les paraboles se ressentent de préoccupations des sages anciens pour la culture des biens de la terre. Salomon surtout manifeste sa prédilection à tout propos : Préparez, dit-il, vos ouvrages au dehors, et labourez soigneusement votre terre, afin que vous puissiez ensuite bâtir votre maison. »

Les juifs de Judée s'appliquèrent toujours au labourage. On sait combien était fertile la terre promise, et quels soins ses habitants mettaient à la cultiver. Aussi les médailles qui nous restent des Machabées représentent-elles des épis et des mesures, en témoignage du particulier bienfait de la Providence. Le livre des Machabées nous retrace ainsi la prospérité du royaume de Simon : « Chacun cultivait son champ en paix ; la terre de Judée était fertile, et les arbres portaient leurs fruits. Israël était en grande joie, chacun était assis sous sa vigne et sous son figuier, et personne ne les inquiétait. » L'auteur de l'Ecclésiaste, qui vivait en même temps, marque même combien le labourage était en honneur et agréable à Dieu : « N'ayez point d'aversion, dit-il, pour le travail pénible et le labourage institué par le Très-Haut. »

Nous nous expliquons donc difficilement la répugnance des Israélites pour l'agriculture ; nous concevons moins facilement encore comment ceux qui se trouvent à la tête de la nation n'ont pas tenté tous les efforts pour y ramener leurs coreligionnaires. Nous savons que plusieurs philanthropes éclairés, à la tête desquels se trouvent M. Cottard, savant recteur de l'académie de Strasbourg, ont senti ce besoin pour les juifs ; mais ils n'ont trouvé en ceux-ci aucun concours : leur philanthropie reste infructueuse, et il leur faut tout le courage et la persévérance de la vertu pour continuer leurs efforts. Un des plus dignes poursuivants de cette œuvre de bien faisait dernièrement à l'auteur de ce travail la confidence de ses dégoûts, en lui disant entre autre choses : « Croiriez-vous que, pour la dernière souscription que nous avons faite en faveur de l'école israélite, M. ***, riche propriétaire des Vosges, ne nous a envoyé que 10 francs ? J'avais proposé de mettre en regard du nom du donataire : M. ***, millionnaire et sans enfants. . . . . 10 fr. ; mais on s'y refusa. Que voulez-vous faire avec de pareilles gens ? »

Cependant l'on peut en faire quelque chose ; il faut pour cela du temps et de la patience. La semence ne fructifie point aussitôt qu'elle a été confiée au sein de la terre : ce n'est que lorsqu'elle a développé son germe au dedans qu'elle se produit au dehors.

Déjà nous avons signalé la présence des Israélites dans toutes les positions honorables, dans les armées, dans les conseils du roi, dans la chambre des députés, à l'Institut; ce n'est qu'à la chambre des pairs qu'il ne s'en trouve pas. Cependant nous croyons savoir qu'il est dans les intentions du pouvoir de remplir cette lacune, et que l'on n'attend pour cela que l'époque où l'on pourra récompenser par cette haute faveur les longs et loyaux services d'un des membres les plus méritants de notre diplomatie consulaire (1).

(1) L'auteur a voulu parler ici de M. Frédéric Cerfbeer, consul de France en Haïti, mort depuis des suites des blessures qu'il reçut lors du tremblement de terre qui détruisit, il y a un an, le cap Haïtien. M. Frédéric Cerfbeer avait les vertus solides et les qualités modestes du sage antique. Il est mort regretté de tous ceux qui l'ont connu. Il avait épousé une chrétienne, femme admirable de courage et d'abnégation, qui perdit dans le désastre du cap et son époux, et, sa fille unique, et toute sa fortune.

(*Note des éd.*)

Nous venons d'écrire ces lignes avec conscience et vérité; souvent nous avons été arrêté par des appréhensions surmontées aussitôt, car nous sommes à une époque où il faut avoir le courage de son opinion, lorsqu'il s'agit surtout de faire triompher la justice et la vérité. Que si notre plume a retracé de sombres tableaux, le fiel n'est entré pour rien dans son amertume ; nous respectons trop l'antique foi de nos pères pour ne pas désirer de voir Israël renaître à la foi véritable, et se relever devant Dieu et les hommes et à ses propres yeux.

EXTRAITS

DU JOURNAL

DES ARCHIVES ISRAÉLITES.

EXTRAITS

DU JOURNAL INTITULÉ

LES ARCHIVES ISRAÉLITES

DE FRANCE.

(Livraison de Mars 1842.)

Dans cette livraison, presque entièrement consacrée à M. Cerfberr de Médelsheim, les Israélites préludent à l'attaque par un article anonyme, dont nous extrayons quelques passages. Cet article est de M. Cahen, qui s'est fait une sorte de réputation par une traduction littérale, et par conséquent fort inintelligible, de la *Bible*.

Cette traduction se recommande d'ailleurs par des notes intéressantes dues à la collaboration de plusieurs savants israélites, particulièrement à celle de M. Munck.

« .... L'arbre de la liberté porte parfois

des fruits amers. Jadis, quand nous étions hors du droit commun, la civilisation passait sur nous inaperçue; la foi était ardente parmi nous. Vint une époque meilleure, et nous eûmes à justifier notre émancipation, car la France, ne cessons de le répéter, a, par un seul acte, mais grand et magnanime, racheté des siècles entiers d'intolérance et de persécution; la première elle a accordé ce que d'autres États qui se prétendent plus chrétiens ou plus philosophes, non-seulement n'ont pas encore accordé, mais ce que plusieurs retirent après l'avoir concédé dans un moment d'enthousiasme.

. . . .

« *Mais il ne faut pas se le dissimuler, la grande tiédeur qu'on remarque dans d'autres communions a également pénétré chez nous et a succédé à tant de zèle, et si l'on n'y obvie par un bon enseignement de la foi religieuse, cette tiédeur peut donner beaucoup à craindre pour l'avenir.* Les établissements créés précédemment existent; les Israélites n'ont plus, comme autrefois, à les entourer de la même sollicitude; il est pourvu à l'existence de ces établissements; cependant nous ne doutons pas qu'au premier danger les mêmes hommes qui en ont provoqué la création viendraient encore soutenir leur œuvre. Mais si d'ailleurs on se plaint de l'indifférence religieuse, c'eût été un miracle que parmi nous, dans ce temps de liberté et de libre discussion, la ferveur fût restée la même.

. . . .

« Cependant que se passe-t-il de nos jours? Les actes sont rares, et l'instruction sur la croyance, qu'il s'agit non d'imposer, mais d'exposer et d'enseigner, est encore plus rare. Aussi se plaint-on partout de l'affaiblissement de la foi, et M. le grand-rabbin de Paris a exprimé la même plainte. Que nos docteurs redoublent donc d'efforts dans l'enseignement de la croyance israélite. Et quel temps commandait plus impérieuse-sement l'enseignement des vérités éternelles du Judaïsme, que le nôtre.

Il est donc plus important que jamais que nos rabbins prémunissent la jeunesse contre des provocations scandaleuses, et qu'ils fassent de l'enseignement de la croyance l'objet principal de leur mission. *Que voyons-nous au contraire? absence de prédication, et lorsque deux ou trois fois par an la chaire israélite est relevée de son veuvage, sont-ce les belles croyances du Judaïsme qui composent le sermon? Nullement.*

« Si les hommes qui sont frappés de ce triste état des choses pouvaient faire partager leur conviction à l'administration supérieure israélite, c'est cet enseignement qui serait particulièrement recommandé aux rabbins, et qui constituerait l'objet essentiel des cours de l'école rabbinique. Mais il n'en est pas ainsi ; le gouvernement soutient nos établissements, il n'a pas à s'occuper de ce qui s'y enseigne et comment on y enseigne (1), mais l'administration, généralement composée d'hommes fort honorables, devrait avoir aussi dans son sein quelques hommes qui, par leurs études, peuvent lui faciliter la mission de travailler à la perpétuité de la foi israélite. Ce point ne peut être trop sérieusement médité, car qui peut voir avec indifférence l'absence d'un bon

(1) Ici l'auteur se trompe ; le devoir le plus impérieux du gouvernement est, au contraire, de s'enquérir de cet enseignement ; et c'est précisément le reproche qu'on fait aux juifs, de vouloir échapper à cette surveillance qui les gêne. (*Note des éditeurs.*)

enseignement religieux dans la synagogue?

« Et puisque, grâce aux lumières du siècle, nous n'avons plus à lutter pour la liberté, montrons que cette liberté est compatible avec la croyance; *sans cela, nous le disons avec douleur, le Judaïsme n'ira qu'en déclinant en France.* . . . .

. . . .

« Nous conjurons nos grands-rabbins, nos consistoires, de prendre à cœur la position actuelle de la synagogue en France. Il y a trop de gens qui ont intérêt à prendre son silence pour de l'impuissance. La liberté ferait-elle ce que n'a pu faire la persécution? Or, tout l'avenir du Judaïsme est là : proclamer et enseigner l'excellence de notre croyance, voilà la mission du rabbin dans le XIXe siècle. »

Voici maintenant un article plus exclusivement consacré à M. Cerfberr de Medelsheim. Il est signé *Ben-Levy*, mais il est d'un huissier; encore, non! il n'est pas même de lui, car, d'après certains *dires*, cet huissier aurait endossé la responsabilité pseudonyme du travail de plusieurs. Il est arrivé à ce propos une singulière anecdote qui prouve combien les Israélites sont acharnés, et combien il en est chez lesquels le courage est une négation. Lorsque M. Cerfberr de Médelsheim, obligé d'en venir avec le directeur des *Archives israélites*, à des sommations par huissier, eût appris la profession du pseudonyme, il trouva plaisant d'employer le ministère de cet huissier pour faire les sommations. Cette idée, communiquée à un ami qui partait pour l'Alsace, fut immédiatement dénoncée de Strasbourg au directeur des Archives, dans une lettre qu'il eut la naïveté de montrer à M. Cerfberr de Médelsheim. Celui-ci reconnut l'écriture pour celle du beau frère de l'indiscret ami à qui il avait confié son intention. Il n'y a pas grand mal à tout cela, quoique la lettre dont nous parlons fût injurieuse et calomnieuse; mais l'auteur, Israélite employé dans une maison de banque, apprenant que son épître avait été reconnue, jura sa parole d'honneur qu'il ne l'avait pas écrite, et cependant le fait fut avoué, plus tard, par son beau-frère lui-même.

« Un savant du dernier siècle a dit : « Avec un mot on fait une erreur, et il faut « un volume pour la détruire. » A ce compte, une bibliothèque entière serait nécessaire pour réfuter toutes les niaiseries propagées sur le mot *juif*, toutes les fausses idées qu'on lui a appliquées, toutes les acceptions erronées qu'on lui a données.

« Voyez combien est grand le pouvoir du préjugé, combien est vive l'impulsion de ce sang vicié qui coule dans les veines de l'ordre social ! Quand dix-huit siècles se sont épuisés à jeter sur le juif tout ce qu'il y a de haine et de mépris dans le cœur des hommes, les nations modernes plus éclairées ont fait du mot juif une épithète injurieuse, et l'obscur substantif est devenu dans nos langues civilisées un adjectif élastique qui porte en lui un indélébile cachet de haine et de mépris.

« Ouvrons le Dictionnaire de l'Académie, ce code immuable de la république des lettres, nous y trouvons ces mots : « *On appelle* juif *un homme qui prête à usure, qui vend exorbitamment cher et qui cherche à gagner de l'argent par des moyens injustes et sordides.* » Cela ne veut pas dire, sans doute, que tous ceux qui prêtent à usure, vendent cher ou gagnent de l'argent par des moyens injustes, sont juifs ; car ce serait déclarer que les trois quarts de nos commerçants appartiennent à la religion israélite, et M. Charles Dupin, le roi de la statistique, n'aurait pas laissé passer une pareille hérésie. Cela ne peut non plus vouloir dire que tous les juifs sont usuriers, exorbitamment chers et sordides, car nos artistes, nos savants, nos ouvriers (et Dieu sait s'ils sont en grand nombre!) ne sont et ne peuvent être usuriers; et si par hasard MM. Salvador, L. Halevy et Léon Gozlan, tous juifs de naissance, entraient à l'Académie, leurs confrères en immortalité oseraient-ils penser que ces écrivains honorables sont des usuriers? Je sais bien que l'Académie répondra qu'elle enregistre les mots avec la signification que l'usage leur donne, comme au bon vieux temps les parlements enregistraient sans mot dire les édits bursaux décrétés par le bon plaisir royal; mais alors qu'on veuille bien nous dire combien une sottise doit durer pour devenir un usage, et ce qu'il faut de temps de séjour en France à une injure pour avoir droit de bourgeoisie dans la langue française?...

« Que signifie cette phrase vide de sens : *C'est un juif?* J'entends dire : M. Crémieux est un avocat très-distingué , *c'est un juif.* M. Azévédo, le nouveau préfet des Pyrénées, est un administrateur éminent, *c'est un juif.* De qui est l'admirable musique de la reine de Chypre? — De Halevy, *c'est un juif.* Quel est le directeur intelligent du chemin de fer de Saint-Germain?—M. Émile Péreire, *c'est un juif.* Comment nommez-vous cette sublime actrice qui joue Hermione avec tant de vérité? — C'est mademoiselle Rachel , *une juive.* Eh ! mon Dieu, je ne vous demande pas tout cela! Quand vous me dites que M. Delessert est en France le père des caisses d'épargne , ajoutez-vous, « c'est un protestant? » Lorsque vous me parlez de M. Guizot, me dites-vous qu'il appartient au culte réformé? MM. Franck et Michel Chevalier occupent tous les deux une chaire publique, l'un à la Sorbonne, l'autre au collége de France ; pourquoi lorsque la foule attentive applaudit ces deux hommes également consciencieux, érudits et éloquents, dit-elle du premier : C'est un juif, et ne dit-elle pas du second : C'est un saint-simonien ? car enfin, si c'est à titre de louange qu'on s'exprime ainsi, on nous insulte en nous donnant à entendre que les mots *juif* et *éminent* sont étonnés de se confondre ; si c'est par suite d'une malveillance continue, pourquoi le souffririons-nous dans un pays où nous sommes tous égaux devant la loi, où la royauté est exempte de préjugés de croyance, où la magistrature n'a qu'une religion, celle de l'impartialité ? Il y a plus : qu'un notaire, à l'aide de faux-semblants, dérobe des millions à ses clients, qu'un agent de change déserte le parquet, léguant la ruine et la misère à ceux qui lui ont confié leurs capitaux, qu'une moderne Brinvilliers se débarrasse de son mari à l'aide du poison, ou qu'un cynique forçat enlève à la bibliothèque ses plus précieuses médailles, il ne viendra en idée à personne de s'enquérir de la religion de ces misérables. Mais si le plus obscur Israélite comparaît sur le banc de la police correctionnelle, le lendemain un journal apprendra à l'univers (tous les journaux ont la prétention de parler à l'univers), que cet épicier accusé de banqueroute simple est juif; le surlendemain dix autres journaux répéteront la même chose, et enfin arrivera la *Quotidienne*, qui annoncera pieusement que ledit accusé, *juif de nation*, est véhémentement soupçonné de faux, de recel et de banqueroute frauduleuse, et le journal prétendu religieux enjolivera sa réclame jésuitique d'une petite perfidie dans ce genre : Ce *si-*

nistre fait de nombreuses victimes, ou bien : Le commerce de la moutarde est dans la désolation....

» Chose remarquable ! les mêmes armes ont à diverses époques servi les mêmes passions. Quand les barbares vainqueurs de Rome s'abattirent sur le squelette de la ville éternelle et reconnurent malgré eux la supériorité de ceux qu'ils avaient vaincus, c'est par un adjectif qui injuriait toute une race que s'exhalaient leur haine et leur envie. « Lorsque nous voulons insulter un ennemi, dit Luitprand, nous l'appelons *Romain ;* ce nom signifie bassesse, lâcheté, avarice, mensonge; *il renferme seul tous les vices.*

» Nous ne parlerons pas de ceux qui ont voulu défendre à M. Fould, parce qu'il est Israélite, d'avoir une opinion à lui ; ceux-là, l'esprit de parti les aveugle et ils sont en proie à une ivresse morale dont ils rougiront les premiers quand ils seront de sang-froid. Nous ne salirons pas notre plume du nom de ces ignobles pamphlétaires qui chaque mois à jour fixe attaquent les millionnaires juifs; ceux-là demandent qu'on achète leur silence, et leurs plates injures peuvent se traduire ainsi : « La bourse ou la calomnie. » Nous ne dirons rien non plus des Basiles littéraires qui, s'imaginant à tort que l'amour de la religion chrétienne est la haine des autres cultes, font à heure donnée de la colère à froid contre la prospérité des juifs; tristes aristarques, nous vous prenons en pitié parce que vous cuvez vos défaites, vos reproches sont des regrets, allez! Il vous sera beaucoup pardonné, parce que vous avez beaucoup perdu. Mais nous adjurons tous les hommes d'esprit et de sens de renoncer à accoler à nos noms l'inutile titre de juif; nous en prions surtout les maréchaux littéraires commandant la grande armée de la presse périodique dont l'appui bienveillant n'a jamais manqué à ce qui est raisonnable et juste. Non que nous rougissions de notre croyance ou que nous ne soyons entrés dans la grande famille française qu'en mettant notre drapeau dans notre poche ; — à Dieu ne plaise ! — mais c'est qu'en France, en 1842, *juif* est un adjectif vide de sens ; c'est que le juif, comme l'entend le dictionnaire de l'Académie, devient chaque jour plus rare ; c'est que le juif dont l'âme est à Jérusalem tandis que son corps est en France n'existe plus guère de nos jours ; c'est que la *nation juive* ne se trouve plus sur le sol français ; c'est qu'enfin entre les mains des niais, des jaloux et des rétrogrades, le mot juif est une arme en permanence contre nous, et qu'il n'est pas agréable d'être sans cesse menacé par un pistolet même déchargé.

» Il arrive même de fatales époques où ces menaces fanfaronnes se traduisent en actions, où ces paroles légères se vaporisent en sombres nuées et retombent en pluie de sang; car la routine est une seconde âme qui anime l'ordre social, et les non Israélites, même ceux qui connaissent le mieux notre vie intime, ne sont que trop portés vers des croyances en honneur durant dix-huit siècles. — Pendant le triste épisode de Damas, aucun de vos amis ne vous a-t-il dit en riant de ce rire qui froisse l'âme : « Je ne veux pas déjeuner avec vous, de crainte que vous ne me fassiez servir *une côtelette du père Thomas!!!* — On badine, nous dira-t-on, on plaisante, mais au fond on ne vous en veut pas. — Soit ; mais il n'y a pas de frontières dans le champ de la plaisanterie, et qui nous dira où cesse le badinage, où commence la réalité ? D'ailleurs vos plaisanteries elles-mêmes deviennent une arme dans la main des niais ; et, quand un poignard tue, qu'importe qu'il soit garni d'or ou de fer ?

Ce qui contribue à entretenir les sots préjugés que le mot juif entraîne avec lui, ce sont nos littérateurs à la toise ; chacun d'eux tient au moins une fois en sa vie à se tailler un pourpoint en plein moyen âge, et, quand leur imagination est épuisée, vite ils bâclent une histoire de juifs. Il n'y a pas un romancier, pas un apprenti nouvelliste, pas le plus piètre fabricant de feuilletons qui n'ait dans son sac la peinture fantastique du juif d'autrefois, le récit de nos malheurs passés, la représentation de nos naïves légendes. On dirait que depuis notre grand naufrage historique le moindre rapin a sur nous droit d'épave.

« Aimez-vous le juif ? on en a mis partout.

» Au théâtre, depuis Schakespeare jusqu'à Scribe ; dans les romans, depuis Ivanhoé jusqu'à Paul de Kock ; dans les journaux, depuis qu'il y a des écrivains qui commettent des feuilletons et un public qui consent à en avaler quotidiennement une tartine; partout enfin dans ce monde de papier imprimé et de décorations de carton, on nous donne des juifs de convention, grimaçant, usurant, feignant, jargonnant, et plus ou moins fabriqués à la vapeur.

» En vain, nous nous évertuons à dire à ces écrivains qu'ils nous caricaturent, qu'ils nous défigurent et qu'ils nous affublent à tort d'oripeaux vieillis ; eux aussi ils nous répondent avec un imperturbable sang-froid : « Mon siége est fait. » Hélas ! depuis que le public veut de la littérature à bon marché, nos auteurs sont toujours prêts à faire bon marché de la vraie littérature ; aussi comme chaque peintre a sur sa palette des couleurs qu'il appelle *locales*, toutes broyées pour représenter *le juif ;* de même que le moindre écrivain barbu a en magasin des phrases toutes fabriquées à ce sujet, quand l'imagination est rebelle, crac, on vous improvise un juif comme on ferait des œufs sur le plat... Que le ciel vous préserve de la couleur locale de ces messieurs !

» Je sais bien que la question que je soulève ici a été débattue nombre de fois avec une grande puissance de savoir et de raison; mais puisque l'on ne se fatigue pas de nous attaquer, pourquoi nous lasserions-nous de nous défendre ? Voici un nouvel exemple de ce que nous avançons : le libraire Curmer vient de publier sous le titre des *Français peints par eux-mêmes* un ouvrage dont le besoin ne se faisait nullement sentir, et un sieur Alphonse Cerfberr de Médelsheim (dont je n'avais oncques entendu parler. — Et vous ?) a consacré trois livraisons de la susdite publication à la monographie du juif. M. de Médelsheim a employé pour cet ouvrage le *ponsif* de rigueur ; il a jeté ses phrases dans le moule banal, il a habillé à neuf de vieilles idées, il a répété ce que cent autres avaient dit avant lui, et voilà le monde littéraire enrichi d'une nouvelle publication à trente centimes..... qu'on se le dise !!!

» On rapporte qu'au bal costumé donné dernièrement par M. le duc d'Orléans, notre célèbre Horace Vernet, qui avait choisi le riche costume d'un chef arabe, s'était passé sur la figure une double couche de bistre, afin d'ajouter par cette teinte africaine à la vérité de son déguisement. Il paraît que M. de Médelsheim entend ainsi les *Français peints par eux-mêmes ;* car il a pris le type connu du vieux juif, il l'a orientalisé, espagnolisé ou germanisé, et l'a présenté à M. Curmer en lui disant : Voici mon juif ! Le portrait que j'ai fait convient à tous les pays, l'éloge et le blâme que j'ai dispensés, ont dans cette œuvre la vertu du caoutchouc et s'adapteront à tous les temps, à tous les climats, à tous les tempéraments, voici mon œuvre, prenez mon ours. (Prix, 30 centimes !) Et de fait, l'auteur n'y va pas de main morte : suivant lui « le juif allemand « (c'est-à-dire cent mille Français) est au « moral, vaniteux, ignorant, cupide, ingrat, « bas, rampant, insolent ; au physique, il « est sale, galeux et déguenillé. Les juives « sont impérieuses, crédules, médisantes, « acariâtres et fort sujettes à caution en ma-

« tière de foi conjugale. Les rabbins ne pos-
« sèdent les éléments d'aucune science utile,
« ils ignorent jusqu'à l'usage de la langue
« nationale, ils ont la fatuité du pouvoir et
« ne brillent que par leur attachement fana-
« tique à des pratiques absurdes. Les mem-
« bres de nos consistoires ne sont ni mo-
« raux ni probes, mais seulement riches.
« Enfin les interprètes de notre religion sont
« pour la plupart tanneurs, colporteurs, es-
« compteurs et usuriers..... » — *Proh Pudor !*

Cette accusation si large et si générale vous indigne, n'est-ce pas? Pour alléger le pénible sentiment qu'elle excitera sans doute en vous, je m'empresse de vous dire que l'auteur, en dépit de son nom, qui est bien celui d'un juif allemand, est né dans la religion chrétienne. Il descend, il est vrai, du respectable Cerfberr, bienfaiteur des Israélites alsaciens, mais déjà son père était baptisé, quand notre auteur vint au monde tout exprès pour écrire un jour la monographie du juif. (Prix, 30 cent.) Ce nom de Médelsheim est celui d'un village bavarois d'où la famille est originaire (1); et si l'auteur seul, parmi les descendants du pieux ami de Malesherbes, a donné à sa signature une contexture féodale, c'est sans doute afin d'indiquer que le noble écrivain, en vertu du vieil adage « noblesse oblige, » a puisé dans l'idée de ce qu'il doit à ses aïeux le courage de publier sa physiologie du juif. (Prix, 30 c.) C'est qu'en effet il a fallu bien

(1) La famille Cerfberr est la seule famille Israélite qui ait reçu des lettres de noblesse avant la révolution de 89. Le nom de *Médelsheim* a été celui du fondateur de cette famille, et appartient à la branche aînée, par conséquent à celui qu'on attaque dans ces lignes, avec autant de fausseté que de niaiserie. (*Note des éditeurs.*)

du courage à M. le baron de Médelsheim pour nier toutes les qualités de la majorité des juifs, et ne mettre en évidence que les défauts de la minorité. Tous les grands écrivains rendent hommage au Judaïsme, mais M. le vicomte de Médelsheim déclare vertement que « la religion juive n'offre rien au penseur ni au philosophe, à l'esprit ni au cœur, à l'âme ni à la raison. » On vante partout la vertu de nos femmes, le désintéressement de nos rabbins et le respect qui entoure chez nous les saints nœuds de famille, et d'un trait de plume M. le comte de Médelsheim a rayé tout cela. Avouons-le; M. le marquis de Médelsheim est bien heureux que l'eau de baptême ait ruisselé sur son front avec assez de force pour qu'elle l'ait purifié de toutes les souillures qui nous défigurent nous autres malheureux juifs allemands qui n'en pouvons mais; et si nous avons un regret, c'est de ne pas voir l'antique blason de M. le duc de Médelsheim (portant, je crois, un *cerf* et un ours (beer) sur champ de gueule) décorer le frontispice de l'ouvrage imprimé par saint Curmer, l'illustre éditeur de la Bible... je veux dire l'éditeur de la Bible illustrée.

Mais je le sens, avec la meilleure volonté de rire de cette brochure dans laquelle il n'y a d'éloge que pour les juifs christianisants ou baptisés, j'ai le rouge au front et le cœur serré en pensant que c'est un homme de talent qui en est l'auteur ; en songeant que sa conscience a été pervertie par le travers dont nous nous plaignons au commencement de cette lettre et surtout en nous rappelant le beau nom qu'il porte. Ah ! si le pieux et loyal *grand-père Cerfberr* revenait pour un instant du séjour des bienheureux, où ses vertus lui ont conquis une place si légitime, et s'il demandait ce qu'est devenue sa race! Avec quel orgueil lui montrant la famille Cerfberr qui occupe une place si honorable au Consistoire central, dans l'armée, dans la diplomatie et bientôt peut-être parmi les représentants de la France, nous lui dirions: Vos traces ont été pieusement suivies, la liberté dont vous avez été le précurseur, a fécondé dans l'âme du *juif allemand* les semences du beau et du bon ; et vos enfants fidèles à votre mémoire brillent au premier rang parmi les *Israélites français*. A ces mots, le digne patriarche jetterait sur ses descendants un angélique regard de joie et de satisfaction. Mais si on lui montrait par malheur la monographie du juif éditée par Curmer et signée *Alphonse Cerfberr de Médelsheim*, ne pensez-vous pas que le respectable vieillard détournerait la tête avec tristesse et dégoût et s'écrierait avec le poëte persan : « C'est un bien vilain oiseau que celui qui salit son nid !.. »

Il faut que le mal désigné dans cette lettre et qui sépare la société moderne ait une influence bien contagieuse, pour que tant de personnes en soient atteintes. Qu'à tout prix donc tous nos efforts tendent à les combattre. . . . .

Cette même livraison des *Archives israélites* est terminée par la lettre suivante de M. Alphonse Cerfberr, qui, à son titre certainement très-honorable et très-honorablement acquis d'ex-capitaine d'artillerie, joignait ceux d'ancien directeur du théâtre du Gymnase Dramatique, de directeur du théâtre de l'Opéra-Comique, et de *membre du Consistoire central des Israélites de France.*

A MONSIEUR LE DIRECTEUR

DES ARCHIVES ISRAÉLITES,

MONSIEUR,

» La monographie *du juif* vient de paraître dans les *Français*, livraison éditée par Curmer, libraire à Paris.

» J'aurais fait peu d'attention à cette publication si elle n'avait été prônée avec éclat dans les journaux quotidiens : je me suis donc imposé le devoir d'en prendre connaissance, et sa lecture a fait naître le besoin de vous communiquer la pénible impression qu'elle a produite sur moi.

» Répertoire de tous les faits qui concernent les Israélites, votre Recueil est *l'asile* naturel des protestations que doivent soulever les œuvres de dénigrement dirigées contre eux ; je viens vous demander d'accueillir et de consigner la mienne.

» L'essai dont il s'agit est fait sans gravité, sans discernement, sans raison, sans justice et sans goût. Par compensation aux qualités qui lui manquent, on y rencontre une division des Israélites français en catégories exprimées d'après leurs prétendues origines, des lieux communs sur les vices des classes illétrées, des digressions sur les mœurs de quelques individus, applicables tout aussi bien aux mœurs d'individus protestants et catholiques, une reproduction nauséabonde des coutumes contemporaines, de l'abjection sous laquelle nos coreligionnaires ont si longtemps vécu, et pour illustrer cette compilation, une synagogue en cul-de-lampe, la vignette d'un rabbin en costume et la lithographie sur papier de Chine d'un marchand de lunettes, israélite type, juif pur-sang. Tout cela est assemblé dans le plus mauvais esprit. Au lieu de signaler les efforts de la classe éclairée en faveur de la restauration morale et intellectuelle des retardataires, au lieu d'aborder le côté philosophique de la question et tracer un tableau consolant des avantages conquis et de ceux que l'avenir doit réserver, l'écrivain s'est complu dans l'exposition des plus vieilles idées et des stupides traditions repoussées aujourd'hui par notre civilisation.

» On pourrait apercevoir dans cette tentative un essai en petit d'une tendance qui a la prétention de se généraliser plus sérieusement autour de nous. Quoique la lutte gigantesque de la philosophie du XVIIIe siècle, couronnée par les batailles qui en ont entériné le triomphe en 89 et en 1830, ne me semble pas en danger d'être reprise, et que les petits efforts des athlètes que l'on voit dans l'arène ne doivent inspirer aucune inquiétude pour l'intégrité de sa robuste constitution, il faut repousser cependant lorsque l'occasion s'en présente et remettre à leurs places modestes ces faiseurs du pamphlet religieux, essayeurs de réaction et missionnaires du prosélytisme. Il faut toujours, lorsque l'occasion s'en présente, montrer du doigt la soutane des convertis et imposer aux abbés qui en sont affublés la pudeur d'une foi qui fut la leur et le respect que réclame la paix de notre foyer domestique; il faut enfin, quand la librairie nous jette quelqu'une de ses industrielles élucubrations, riposter au sarcasme du pamphlet et rappeler l'écrivain à la dignité de sa mission.

» L'auteur de l'écrit porte le nom du signataire de cette lettre; cette coïncidence me fait désirer que vous insériez dans votre plus prochaine livraison la déclaration qu'il n'existe pas d'autre conformité entre eux. »

» Agréez, monsieur, l'expression de mes sentiments les plus distingués.

» Alphonse CERFBERR,
ancien capitaine d'artillerie. »

Paris, 20 mars 1842.

Paris, le 24 avril 1842.

AU DIRECTEUR

DES ARCHIVES ISRAÉLITES.

Monsieur le Directeur,

» Une obligeance anonyme m'a fait connaître, il y a quelques jours, et votre journal et les diverses attaques dirigées contre moi par un pseudonyme et par un homonyme.

» Certes, j'étais loin de m'attendre à toute cette colère soulevée à propos du travail que je viens de publier sur l'état du judaïsme en France ; je ne croyais pas que ce court essai m'attirerait tant d'honneur et tant d'injures.

Mais puisqu'il en est ainsi, puisque vous avez accueilli l'attaque, votre impartialité vous fait un devoir, Monsieur le directeur, d'agréer également ma réponse, sans qu'il soit besoin d'invoquer le bénéfice de la loi qui me protége.

» Et d'abord faisons justice de l'*homonyme*. Quoiqu'il soit entré le dernier en lice, je tiens à cœur d'en finir avec lui, comme on a hâte de terminer une mauvaise besogne.

» La lettre qu'on a fait signer à votre correspondant (je dis *qu'on lui a fait signer*, car je me refuse à croire que l'ex-capitaine d'artillerie, que l'on tient généralement pour homme d'esprit et d'urbanité, ait écrit les lignes ridicules et torturées que j'ai sous les yeux), la lettre qu'on lui a fait signer, dis-je, ne renferme contre moi que d'obscures injures sans aucune raison. L'auteur se plaint que j'aie parlé des Juifs, aurait-il désiré que, chargé de décrire leurs mœurs, je parlasse du Kamtschatka ou des Cochinchinois. Il trouve étrange que l'éditeur fasse accompagner le texte de gravures indiquées par le sujet même. Eût-il trouvé plus convenable que l'on donnât en leur place une scène du *duc d'Olonne* ou de mon *oncle Baptiste*, le portrait de madame Anna *Tillon* ou de *Bcuffé ?* Je regrette beaucoup de n'avoir pas songé plus tôt à cette *réclame* en faveur du *Gymnase* et de *l'Opéra Comique ;* je m'empresserai d'en saisir la première occasion favorable.

» Mon homonyme s'étonne aussi que j'aie négligé de *signaler les efforts de la classe éclairée en faveur de la restauration morale et intellectuelle des retardataires.*

Je me permettrai d'abord un léger doute sur la logique de cette phrase : *restauration*, selon l'académie et selon le bons sens, veut dire *renouvellement* , *réparation* et même dans le langage politique *réintégration*. Or, aucune de ces acceptions ne peut convenir à ces *retardataires* dont parle l'ex-artilleur , car s'ils sont retardataires au progrès, il n'y a pas lieu de le *renouveler* chez eux ; et d'ailleurs qu'entend votre correspondant par ces mots *progrès* et *retardataires* à l'égard du judaïsme.

» Quant aux efforts de la classe éclairée , si le signataire veut parler des juifs qui sont à la tête de leur nation par leur fortune, je me suis donné la peine de démontrer que leurs efforts sont nuls ; s'il entend parler des juifs véritablement éclairés et progressifs, j'ai dit que ceux-là comprenaient combien il importe de provoquer une réforme radicale, et que la plupart sont christianisants. La réflexion de votre honorable correspondant tombe donc tout-à-fait devant les réponses que j'y ai faites d'avance.

» Pour la deuxième partie de cette lettre où l'auteur fait parler au signataire un charabias empreint du plus pur chauvinisme de la restauration, et où je distingue les mots confus et mal assemblés *de lutte gigantesque*, *de philosophie*, couronnées par les batailles, de *soutane des convertis*, *de révolution de 89*, *d'abbés*, etc., j'avoue que les injustices de la fortune ne m'ont guère permis de parler d'autre langue que le français, et qu'il m'a été impossible de déchiffrer celle qui a fait les frais de ce passage. J'en attends donc une traduction littérale en invitant mon charitable homonyme à restreindre pour moi le vocabulaire de ses injures, et à se pénétrer de ce mot de Napoléon, qui donne de la brièveté à mes paroles : *Il faut laver son linge sale en famille.*

» J'arrive maintenant à l'attaque de votre correspondant *speudonyme*, dont, pour me servir avec beaucoup plus de raison, peut-être d'une expression qu'il a employée à mon égard, *je n'avais oncques entendu parler*, et dont il me soucie fort peu, je vous jure, d'entendre oncques parler à l'avenir.

» Si l'attaque de ce pseudonyme n'est ni plus juste ni plus fondée que la précédente, au moins se produit-elle un peu plus convenable et plus intelligible ; aussi ne reculé-je point à lui répondre paragraphe par paragraphe, ne laissant de côté que les pointes qu'il a voulu rendre spirituelles et qui ne sont pas neuves, cela soit dit à la confusion de son persiflage. Il eût été plus digne sans doute de suivre l'auteur qu'il a attaqué dans la gravité de sa forme et de son sujet.

» Mais, avant d'entrer plus entièrement dans le fond de la question, disons d'abord que les juifs ont tort de prétendre que j'ai écrit *contre eux ;* je n'ai écrit *ni pour, ni contre eux,* j'ai écrit *sur eux ;* j'ai dit une *petite partie* de ce que je savais, bonnement et franchement, avec l'espoir fondé de produire quelque bien et de jeter un peu de lumière sur la question si sérieuse du Judaïsme, même au milieu de ses sectateurs. J'ai poussé la précaution aussi loin que possible, et grand a été mon étonnement lorsque j'ai vu les accusations dont on a cherché à m'accabler. Aussitôt qu'elles me sont parvenues, je me suis mis à relire mon travail avec toute la prévention qu'on met à lire l'œuvre d'autrui, cherchant si je ne m'étais pas abusé, si quelque passion, bien en dehors de mon cœur cependant, n'avait pas fait faire à ma plume un écart contre mes sentiments et contre la vérité, me promettant bien de demander pardon à Dieu et aux juifs du mal que j'aurais pu commettre. Mais lorsque j'en suis arrivé à ces mots qui terminent mes articles :

» Nous venons d'écrire ces lignes avec
» conscience et vérité ; souvent nous avons
» été arrêté par des appréhensions surmon-
» tées aussitôt, car nous sommes à une
» époque où il faut avoir le courage de ses
» opinions lorsqu'il s'agit surtout de faire
» triompher la justice et la vérité. Que si
» notre plume a retracé de sombres tableaux,
» le fiel n'est entré pour rien dans son

» amertume ; nous respectons trop l'antique » foi de nos pères pour ne pas désirer de » voir Israël renaître à la foi véritable et se » relever devant Dieu et les hommes et à ses » propres yeux. »

» Quand je suis arrivé à ces lignes, dis-je, j'avais fini mon examen de conscience, et, après m'être recueilli, je me suis écrié de nouveau : *Oui, j'ai dit vrai et juste.*

» L'idée philosophique qui a guidé ma plume a complétement échappé à mes adversaires ; et je pourrais être porté à croire qu'il y a chez eux mauvaise foi insigne à ne la pas découvrir, si je ne devais penser qu'il y a avant tout préoccupation et négligence. Cette idée philosophique que je ne cache point est celle-ci : de longs siècles de persécutions inouïes, d'esclavage, d'abaissement de toute sorte, ont fini par abrutir la nation juive, qui cependant a montré, au milieu même de ses souffrances sans nombre, une admirable patience et une profonde abnégation; ses mœurs, sa langue, ses traditions, son culte ont résisté aux bûchers et à l'exil, à la spoliation et à la misère; mais son caractère a souffert, sa moralité a faibli, et si enfin ce peuple a paru, pour ainsi dire, digne de châtiment, il ne lui en faut pas vouloir, il faut en accuser ses persécuteurs seuls.

» Mais tout à coup luit pour les Israélites une ère nouvelle; la liberté leur rend tous les droits de l'homme et du citoyen; la France les adopte pour ses enfants, et maintenant pour eux plus de peines et plus de misères que celles qu'ils s'attireront eux-mêmes.

» Ont-ils répondu dignement, entièrement à ces avances inespérées de la justice et de la fortune? Ont-ils cessé d'être juifs dans la mauvaise acception que l'on a prêtée au mot pour devenir Français? Se sont-ils montrés moins intolérants, plus progressifs? Ont-ils accepté le bienfait de l'affranchissement avec une entière gratitude? Ont-ils, avec ferveur, accepté les charges et les devoirs nouveaux pour eux de citoyens? Ont-ils employé leurs efforts pour se mettre à la hauteur du progrès qui s'élevait de toutes parts contre l'ignorance et l'étroitesse des idées, contre l'égoïsme et les traditionnelles subtilités d'un esprit torturé par le doute et l'insuffisance forcée de lumière? Quand, obligé de faire au moins un pas, le Sanhédrin a dicté son code, l'ont-ils accepté franchement, sans arrière-pensée d'en éluder les souveraines décisions? Ont-ils fait quelque chose pour réprimer l'esprit de mercantilisme qui les ronge et qui les perdra? Ont-ils demandé à la terre de leur donner, à la sueur de leur front, le pain qui les nourrit ? Depuis quand envoient-ils leurs enfants puiser une commune et libérale éducation dans nos lycées et dans nos écoles publiques, et combien en est-il qui les fréquentent ? Quelles sont les carrières honorables ou les Israélites se sont jetés en foule pour aider de leurs personnes à détruire d'odieux préjugés? De ces derniers en peut-on compter cent ?

» Israélites de France, vous êtes plus de cent mille, répondez à ces questions la main sur la conscience.

» Voilà, monsieur le directeur, la pensée fidèlement résumée qui a présidé à mon travail.

» Le pseudonyme demande avec une indignation et une raison auxquelles je m'associe de tout cœur, ce que signifie cette phrase vide de sens, *c'est un juif !* que l'on accole ordinairement à tout Israélite qui fixe quelque peu l'attention. Certes, je blâme celui qui dit ces mots avec une pensée de malveillante intolérance. Mais le plus souvent cette épithète n'est arrachée que par une sorte de sentiment d'étonnement causé par les prétentions des juifs à l'orthodoxie. Pour les personnes qui disent alors, c'est un juif! cela signifie que Me Crémieux, par exemple, pourrait difficilement employer sa parole éloquente à défendre la veuve et l'orphelin chrétiens; qu'il serait obligé de repousser bien des causes, d'abandonner bien des intérêts, s'il suivait fidèlement toutes les prescriptions de sa loi; il ne pourrait plaider au palais le sabbat et les jours de fêtes, s'il allait, suivant les exigeances de sa religion, à la synagogue offrir à Dieu les hommages de son cœur. M. Ayevédo, le nouvel administrateur, peut-il s'occuper, en restant bon juif, de tous les détails de son administration, et protéger les chrétiens, même contre ses propres coreligionnaires? Peut-il sans pécher, donner ses signatures le samedi et s'occuper des affaires du pays? M. Léon Gozlan, qui ne vous sait peut-être pas un gré infini d'avoir révélé sa religion, a-t-il pu, en Israélite fervent, s'asseoir au foyer de la famille chrétienne, manger son pain et son sel, pour en décrire si poétiquement les mœurs et la vie domestique? Le judaïsme se révèle-t-il dans une seule des belles pages de cet habile écrivain, et, avant de savoir qu'il était juif, n'ai-je pas pu être en droit de croire qu'il était un chrétien pratiquant, envoyant pieusement sa femme à l'église et ses enfants au catéchisme ? M. Halevy est-il orthodoxe dans ses œuvres musicales? Est-ce chose pis que ses travaux, et le caractère d'Eléazar qui parle plus contre les juifs que n'aurait fait leur plus cruel ennemi, est-il un fleuron qu'on doive ajouter à la couronne céleste ?

» Et enfin votre admirable *Hermione*, comme vous l'appelez avec raison, peut-elle, sans évidente infraction, s'écrier avec cet accent sublime qui va au cœur, parce qu'il paraît venir du cœur :

» .... *Je vois, je sens, je crois !*

n'est-ce pas pour vous un damnable blasphème !

» Cessez donc de vous plaindre, ou réformez votre foi, ou rétablissez votre royaume depuis si longtemps détruit. Ne trouvez pas injurieux de voir l'étonnement provoqué par une folle persistance à professer des principes avec lesquels on ne peut vivre sans transgresser la loi de Dieu ou sans négliger les intérêts de la terre et les devoirs sacrés de la famille et de la société. Car le judaïsme n'est que cela, à moins qu'on ne veuille parler d'un judaïsme mutilé, arrangé à toutes les commodités, indulgent à toutes les infractions, dispensant de toute obligation religieuse; ce judaïsme, je ne le connais point ou du moins je ne le trouve que chez les prétendus juifs du progrès qui n'ont pas le courage d'adopter la religion de la majorité, ni celui de remplir les sévères exigeances de leur foi. Ce sont ceux-là que j'ai voulu stigmatiser et que je poursuivrai toujours, car ceux-là seuls commettent le mal dont j'ai découvert et sondé la plaie, en indiquant, chirurgien d'expérience, le remède qu'il y faut appliquer.

» J'éprouve une peine très-grande à dévoiler l'indigne travestissement que le pseudonyme a fait subir à mes pensées et à mes paroles. J'ai parlé du juif allemand avec étendue, parce que sa race est la plus nombreuse et que je la connais parfaitement, car j'ai habité assez longtemps parmi elle pour connaître le corps de la nation ; et, si ma plume a pu s'empreindre d'un si fort cachet de vérité, c'est que j'ai vécu parmi les juifs pauvres, et vous savez, monsieur le directeur, que je n'ai pas besoin de sortir de ma famille pour connaître et apprécier les juifs riches.

» Mais je n'ai pas dit que tous les juifs allemands fussent les originaux de mon portrait ; j'ai fait de nombreuses et honorables exceptions, et ici encore pour toute justification, je citerai un passage de mon essai que votre correspondant aurait dû reproduire, s'il avait voulu rester de bonne foi.

» Après avoir rappelé que les juifs ont des cérémonies funèbres très-touchantes, je dis :

« Les extrêmes se touchent : c'est en
« vertu de cet axiome banal que l'on trouve
« chez les juifs allemands, plus que chez

« leurs coreligionnaires portugais et avi-
« gnonnais, de ces vertus et de ces qualités
« qui font sortir un homme de la condition
« commune ; s'ils sont ignorants ou arriérés
« (on ne le contestera pas pour la majorité,
« vous l'avouez vous-mêmes), ils ont tenté
« comparativement plus d'efforts pour se
« mettre à la hauteur du siècle ; ce sont eux
« les premiers qui ont embrassé des profes-
« sions libérales. Le célèbre et trop méconnu
« Michel Berr de Nancy, fut le premier
« avocat de sa nation. Les premiers aussi,
« ils s'allièrent avec des chrétiens, et se dis-
« tinguèrent sur les champs de bataille et
« dans les arts. Ils sont arrivés aux plus
« hauts emplois : eux seuls ont fourni un
« lieutenant-général, des officiers supérieurs
« et autres de toutes armes ; des membres
« distingués dans la diplomatie, des savants
« d'un renom européen, des financiers cé-

« lèbres, beaucoup de médecins distingués « et plus encore de musiciens habiles. Chez « eux se trouve aussi ce qui reste des tra- « ditions et des mœurs primitives de la vie « patriarchale ; traditions et mœurs, hélas! « qui se perdent tous les jours. »

« Plus bas je reconnais que les juifs véritablement en progrès, et ils sont assez nombreux parmi les Allemands, *sont véritablement bons et généreux : ils pratiquent le bien sans ostentation, vivent sans faste et sans morgue ; ils donnent à leurs enfants une éducation solide et libérale ; ils sont citoyens utiles et la patrie peut compter sur eux au temps du danger, etc., etc.*

« Si vous appelez cela des injures, monsieur le pseudonyme, veuillez m'enseigner comment l'on fait des compliments.

« Quant à ce que j'ai dit de la femme juive, vous m'insultez gravement, monsieur le pseudonyme, en me prêtant une indigne calomnie. Ces mots que vous guillemettez comme reproduits de moi, « *les femmes juives sont fort sujettes à caution en matière de foi conjugale,* » sont un mensonge de votre part et se trouvent aussi peu dans mon ouvrage que dans ma pensée. Je rends toute justice aux vertus d'épouse et de mère de la femme juive : personne mieux que moi n'a été à même de l'apprécier, personne n'aurait pu écrire les lignes qui les concernent avec plus de désintéressement, personne n'aurait pu dire avec plus de vérité ces mots qui ne certes sont ni une injure ni une calomnie :

« Depuis qu'elle est rendue à la société,
« depuis qu'elle est rentrée dans le droit
« commun, la femme juive a prouvé qu'elle
« était digne de la place qu'elle a conquise.
« Elle a déployé toutes les fertiles ressour-

« ces, dont l'avait dotée la nature, elle s'est
« montrée femme d'esprit et de talent, de
« cœur et de raison, d'imagination et de
« poésie; elle a une profonde intuition de
« l'art, et ses effets sont d'autant plus
« grands que ses facultés ont été plus long-
« temps comprimées et méconnues. »

« Et plus bas : « Quand elles appartien-
« nent aux premières familles et qu'elles
« ont reçu une éducation soignée, elles font
« les honneurs d'un salon avec une rare
« distinction, une grâce et un esprit par-
« faits; je ne citerai pour preuve que la
« noble et bienfaisante dame de Rotschild. »

« Eh bien! Monsieur le pseudonyme, est-ce là le langage de la calomnie et de l'injure?

« Mais là ne se bornent pas les falsifications dont je me plains amèrement.

« Lorsque j'ai voulu aborder le chapitre si délicat du rabbin, j'ai compris que ma qualité de chrétien pourrait prévenir contre mon jugement, et je me suis empressé de me servir d'une brochure consciencieuse, publiée il y a quelques anénes par un juif notable. Après avoir cité un premier passage, je dis :

« Nous sommes heureux d'avoir trouvé « dans l'intéressant livre de M. Singer, la « confession de vérités qui nous pesaient « à déclarer ; cela nous délivre du reproche « de partialité ou de prévention qu'on au- « rait pu nous adresser. »

« Cette précaution n'a pas paru suffisante au pseudonyme, il n'a pas voulu avouer que les paroles qu'il a citées appartiennent à l'un des siens, il a préféré me les prêter. Ne pourrais-je pas, si j'étais moins poli, lui appliquer le mot de Pascal, *mentiris impudentissimè.....*?

« Cependant, j'accepte la responsabilité

des paroles de M. Singer; et si l'on veut même, je me les approprie. Oui, j'ai dit :

« Que les rabbins ne possèdent les élé-
« ments d'aucune science utile, qu'ils igno-
« rent jusqu'à l'usage de la langue natio-
« nale ; qu'ils ont la fatuité du pouvoir, et
« qu'ils ne brillent que par leur attache-
« ment fanatique à des pratiques absurdes. »

Je dirai de plus, si cela peut vous être agréable, que c'est moi qui ai inspiré ces paroles à M. Singer lorsqu'il publia sa brochure, il y a vingt-deux ans, alors que j'étais à peine né; oui, j'ai dit tout cela, et je le maintiens de toute l'autorité..... de vous-même, Monsieur le Rédacteur, et de celle de vos collaborateurs.

« Car il est une chose digne de remarque, c'est que les Israélites, comme tous les gens qui ont tort, n'ont pas d'ennemis plus acharnés qu'eux-mêmes; ils n'ont entre eux aucune unité, ils ne s'entendent pas; loin de se soutenir dans les luttes qui leur devraient être communes, ils sont enchantés de leurs mutuelles défaites. Depuis quelque temps je suis accablé de visites dont m'honore une foule d'Israélites, et j'entretiens mon feu des dénonciations sans nombre qui me sont adressées, parce que vos publications m'ont signalé pour ce que je suis loin d'être, et que l'on me croit disposé à parcourir un terrain qui me répugne souverainement, quelque beau jeu que j'y pourrais avoir, celui des personnalités. Je saisis donc l'occasion que m'offre votre intéressant journal, Monsieur le Rédacteur, pour avertir ces charitables et bénévoles clients d'un imaginaire bureau de renseignements, que je ne me sais point constitué *le lion de St-Marc* de la nation juive, et que dorénavant ma porte leur sera sévèrement refusée, comme déjà elle a été fermée sur ceux qui se sont présentés.

« J'ai dit que je ne me servirais que de vos propres paroles, Messieurs les Israélites, pour justifier celles-mêmes que vous attaquez. J'ai eu en effet la curiosité de lire d'un bout à l'autre la livraison de votre recueil qui m'est presque entièrement consacrée. Je vois à la première page : « Il ne « faut pas se le dissimuler, la grande tié- « deur qu'on remarque dans d'autres com- « munions a également pénétré chez nous et « a succédé à tant de zèle, et si l'on n'y ob- « vie par un bon enseignement de la foi re- « ligieuse, cette tiédeur peut donner beau- « coup à craindre pour l'avenir. »

« Il y a deux choses à remarquer dans ce passage d'un article anonyme; d'abord l'erreur évidente qu'il commet en prétendant que les communions chrétiennes sont en proie à la tiédeur, lorsque, à aucune époque, il n'y eut plus de foi, et que cette recrudescence s'est surtout fait sentir au moment même où l'anonyme écrivait ces paroles, recrudescence dont il aurait pu apprécier la cause et l'effet, s'il avait assisté aux éloquentes conférences de MM. les abbés Ravignan, Lacordaire, De Brézé, Combalot, Bautain, De Bonnechose; aux intéressantes instructions de M. l'abbé Ratisbonne.

« La deuxième chose digne de remarque dans la phrase que j'ai citée, c'est l'aveu naïf que la tiédeur s'est emparé de la foi juive, et que cette tiédeur est inquiétante pour l'avenir, si l'on n'y obvie par un bon enseignement. J'enregistre avec soin cette déclaration qui n'est autre chose que ce que j'ai dit moi-même, et que l'on a blâmé dans mes paroles.

Mais ce n'est pas tout : Une page après,

l'anonyme se plaint de l'absence de prédication, « *et lorsque*, ajoute-t-il, *deux ou trois* « *fois par an la chaire israélite est relevée* « *de son veuvage, sont-ce les belles croyan-* « *ces du judaïsme qui composent le ser-* « *mon? Nullement.* »

« Ai-je dit quelque chose de plus fort contre les rabbins ? Non, certes. Quelques lignes plus bas l'anonyme : « Frappé de ce « triste état de choses, craint, il le dit avec « douleur, que le judaïsme n'aille qu'en dé- « clinant en France. Il se félicite de pou- « voir dire que cette religion ne consiste « pas dans la pratique de certaines cérémo- « nies, pratique qui diminue, mais qu'elle « est au fond une religion de raison qui a « besoin d'être enseignée. » Il finit par tracer la mission du rabbin au XIXe siècle.

« Le rabbin n'est donc pas à la hauteur de sa mission ; vous avouez donc que vos cérémonies sont vieillies et qu'elles tombent en décadence; que la religion a besoin d'être enseignée; que, par conséquent, elle est ignorée dans son essence et dans son principe par la plupart d'entre vous.

« Mais, messieurs les Israélites, pendez donc le coreligionnaire qui dit cela, puisque vous blâmez en moi des assertions mille fois moins fortes et moins positives.

« Mais voici qui est bien pis, Monsieur le Rédacteur, je lis, toujours dans le même numéro, et dans un article signé d'un nom que j'ai appris à respecter pour le talent et la réputation justement méritée de celui qui le porte, M. Adolphe Franck ; je lis dans cet article, page 174, que l'auteur qualifie votre doctrine de

Casuistique ignoble qui défigure et dévore le judaïsme moderne. . . . .

« Lapidez donc M. Frank pour avoir dit

plus que je n'aurais osé avancer. Mieux vaut un sage ennemi.

« Cependant M. Franck ne s'arrête pas à cette flagellation seulement, et dans le cours de l'excellent article que je cite de lui, il dit, en parlant de la traduction de certain livre hébreux qu'il voudrait voir exécutée : *Puisse-t-elle éveiller chez quelques-uns de nos jeunes docteurs le goût de la vraie théologie, et les détourner de ces stériles études où leurs devanciers, au grand détriment des croyances religieuses, ont perdu ou dissipé misérablement les plus belles facultés.*

« Avez-vous assez de ces citations, monsieur le pseudonyme pour vous convaincre que M. Singer avait raison, et que je n'ai aucun tort? Voulez-vous que je feuillette d'autres documents de vos *archives ?*

« Quant aux consistoires que M. Singer

a plus rudement châtiés encore, je n'irai point chercher ma justification ailleurs que dans la page même qui précède l'attaque dont on a bien voulu m'honorer. Je lis dans cette page, à propos d'une querelle que j'ignore, mais qui paraît être vivement engagée avec le consistoire du Haut-Rhin :

« Le consistoire du Haut-Rhin vient de « faire paraître une lourde et épaisse réfu- « tation qui ne réfute rien, et où, tout en « voulant donner aux autres des leçons de « modération, on se livre à de *dégoutantes* « personnalités..... Ces fiers consistoriaux « auront beau se draper du manteau de la « sagesse, de la civilisation et du progrès, ils « ne parviendront pas à donner le change. « On sait ce qu'il faut en penser. »

« Quels sont donc les gens qui composent le consistoire du Haut-Rhin, puisque vous les traitez si cavalièrement ? Mais si je parlais avec une telle irrévérence du dernier marguiller de ma paroisse, je m'en voudrais éternellement. Respectez-vous donc vous-mêmes, si vous voulez qu'on vous respecte.

« Ici je ferai remarquer que je n'ai attaqué que l'ignorance et l'insuffisance de la plupart des rabbins, des cérémoines et des usages impratiquables au milieu de notre société. Mais je me suis bien gardé d'attaquer vos dogmes et votre croyance que je respecte et que je vénère comme le commencement de la vérité ; et cependant des écrivains juifs, abusant de la liberté qu'on venait de leur donner, ont publié contre le christianisme des diatribes où ils s'efforcent d'arracher des cœurs chrétiens leurs plus chères croyances ; et cependant un des vôtres encore, M. Salvador, a écrit de longs tomes pour prouver la non divinité de notre Sauveur, fondement divin de notre foi. Avons-nous tonné contre eux de toute la force de nos poumons, les accablant d'injures et appelant sur leurs têtes les vengeances et les malédictions du ciel ? Non, nous avons prié Dieu dans notre cœur de pardonner à ces insensés qui le niaient dans leur fol orgueil. — Et cependant nous sommes les plus forts !

Vous plaisantez fort peu agréablement sur ma *noble origine*, monsieur le pseudonyme. Oui, Monsieur, je suis noble ; noble de toutes les vertus de mes pères, de tout le bien qu'ils ont fait, de tous les services qu'ils ont rendus, de toutes les saintes traditions dont ils m'ont laissé le solide héritage ; et si les rois concédaient encore des armoiries, je leur demanderais d'en perpétuer le souvenir dans ma famille en permettant de charger le champ de mon écu d'une croix et d'une plume avec cette devise : *Pro eà per eam.* Certes cette noblesse et ces armes valent bien les armes et la noblesse de M. le baron de Rothschild, par exemple, ou celle de M. Worms de Romilly dont vous ne vous moquez pas.

« Il est dans la lettre de votre correspondant, Monsieur le Rédacteur, un passage qui a touché les fibres les plus délicates de mon cœur, c'est lorsqu'il parle avec une éloquence que je me plais à reconnaître, même chez mes adversaires, du *beau nom* que je porte et du pieux fondateur de ma famille. Personne, Monsieur, n'a entouré la mémoire chérie de cet homme de bien de plus de vénération, je dirai presque d'une espèce de culte plus religieux que celui qui écrit ces lignes. Oui, Monsieur, s'il descendait un instant sur la terre, il verrait avec orgueil ses enfants occupant une place distinguée dans tous les rangs de la société, dans l'armée, dans la diplomatie, dans l'administration publique, et bientôt peut-être parmi les représentants de la France ; il verrait avec un indicible bonheur que ceux-là même qui sont les plus éminents, sont chrétiens ou alliés à des chrétiennes, et peut-être en ce moment, il serait avec son arrière-petit-fils agenouillé au parvis d'un temple chrétien, demandant au Père commun des juifs et des chrétiens de ne pas laisser la grâce abandonner sa race et d'ouvrir à la vérité les yeux de ceux qui sont encore dans les ténèbres.

« Vous m'avez trouvé, Monsieur le Rédacteur, secouant au coin d'une borne un balai souillé d'ordures, et vous vous êtes écrié que je salissais mon nid, tandis que je ne faisais que l'approprier. Je vous pardonne votre erreur.

« Un dernier mot sur la question, Monsieur le Rédacteur ; je tiens à ce qu'on ne prenne pas le change sur mes intentions, qui ne sont en rien hostiles aux juifs. Je désire qu'ils soient tous également éclairés et instruits, car je ne demande pas à Dieu d'autre moyen de faire arriver les juifs à la vérité dont je voudrais pouvoir payer la manifestation au prix de mon sang ; je me suis convaincu par moi-même que plus un israélite vivait de la pensée et du travail de l'intelligence, plus il se rapprochait involontairement de notre sainte foi. Je souhaite que les rabbins soient mis en demeure d'enseigner et de pratiquer la religion en toute connaissance de cause, en gens éclairés et honnêtes ; et, à cet effet, je demande la création d'un séminaire à leur usage. Je voudrais que les juifs surmontassent la répugnance qu'ils éprouvent à cultiver la terre ; car alors disparaîtrait peu à peu ce *mercantilisme* contre lequel j'élève une voix si haute, et que je voudrais pouvoir rendre puissante. Je serais heureux de voir les consistoires faire véritablement tout le bien qu'ils sont appelés à produire ; et quant à moi, Monsieur, je rappellerai, pour me justifier de toute mauvaise intention, ce que j'ai fait pour la nation juive, dans ma petite sphère d'activité.

« Le travail récent que j'ai publié est en partie le résultat de l'enquête silencieuse que je fais depuis plusieurs années sur l'état du judaïsme, enquête qui va se terminer par un volume que je vais livrer bientôt à l'impression, et que j'ai annoncé le 1er avril 1836, dans le journal israélite, la *Régénération*, que publiait à Strasbourg un homme de mérite, M. Simon Bloch, qui avait demandé et accueilli avec empressement ma collaboration de chrétien. Dans ma première lettre qu'il publia, je lui disais : « Nous examinerons ensemble les « moyens à employer pour réaliser notre « entreprise *de régénération ;* nous appré- « cierons les tentatives faites par les consis- « toires pour y arriver ; nous verrons si « elles ont réussi, s'ils ont fait tout ce qu'ils « devaient ou pouvaient faire ; nous ver- « rons de quelle réforme a besoin le culte « d'Israël pour devenir encore un culte di- « gne du vrai Dieu qu'il adore, etc. »

. . . .

« Cette promesse que je faisais en 1836, je l'ai tenue, j'ai travaillé depuis ce temps à étudier la question qui me tenait tant au cœur ; et lorsque, il y a deux ans, le journalisme de Paris me fit l'honneur de me choisir pour son délégué aux fêtes de Gutenberg, à Strasbourg, j'ai recueilli au centre même de la population juive de précieux documents.

« Quand les Israélites de Strasbourg fondèrent leur utile école de travail, à qui s'adressèrent-ils pour donner à leurs élèves des leçons qui furent gratuites ? A deux chrétiens : à mon frère M. A. E. Cerfberr, inspecteur général des prisons du royaume, et à moi. Quelle voie employèrent-ils et emploient-ils encore pour obtenir des secours que rend nécessaires cette tiédeur signalée par l'anonyme ? Mon frère. Qui a fait connaître publiquement leurs efforts et ceux de leurs coreligionnaires à Livourne ? Mon frère encore, dans son rapport officiel à M. le ministre de l'intérieur, sur les établissements de bienfaisance de l'Italie.

« L'année dernière, on refusait dans une de nos principales maisons centrales, aux détenus juifs, de célébrer leurs pâques avec toute la rigueur de leur rite ; à qui s'adressèrent-ils avec succès pour obtenir l'entière liberté de leur culte ? A moi, chrétien, à moi qui crois que l'observance de toute religion, bonne ou mauvaise, est déjà une condition certaine de moralité. Je citerais bien d'autres faits encore, mais cette lettre est déjà longue : je me tais ; toutefois en rappelant les efforts tentés de notre temps pour la régénération d'Israël, ne puis-je pas dire avec Énée : *Quorum pars magna fui !.....*

« Du reste les réponses qu'on a faites à mon ouvrage, n'en sont pas la réfutation, pas une ligne de mes adversaires ne vient démontrer la vérité à côté du prétendu mensonge ; on s'en est tenu à des dénégations insuffisantes et stériles pour entrer en plein champ de personnalités. Je le répète, Monsieur le Rédacteur, je ne demande pas mieux que de reconnaître la vérité; si j'ai été induit en erreur, je m'estimerai heureux de la proclamer, je serai toujours prêt à combattre sur le terrain du dogme et du principe à armes égales et courtoises ; mais l'on ne me trouvera jamais sur le terrain des personnalités où se sont placés mes adversaires sans s'entendre, car l'un, mon homonyme, me dit en mauvais patois que je suis *sans raison*, *sans discernement*, *sans justice*, *sans goût*, etc.; que j'ai un *mauvais esprit*, que je suis un homme *stupide*, que sais-je ? l'autre, le pseudonyme, avoue que je suis un homme de *talent*. Il est vrai que ce dernier le dit en un français élégant et pur. Auquel croire ? Je prie l'anonyme de décider une question que ma modestie me défend de trancher.

« Sans doute si les Israélites veulent engager la discussion, ils vont détacher contre moi quelques-uns de leurs écrivains les plus terrassants. J'ai en effet la conscience de ma faiblesse, mais je prierai le Seigneur de me prêter un peu de la force qu'il donna aux Augustin, aux Athanase, aux Cyrille, aux Bernard, et alors la vérité triomphera des vains efforts de ses ennemis et je dirai avec Ovide,

Quisquis es, ex illo, Zoïle nomen habes.
Et tua sacrilegæ laniarunt carmina linguæ.
. . . .
Summa petit livor : perflant altissima venti :
Summa petunt dextrâ fulmina missa jovis.

Agréez, etc.

APPENDICES.

I.

En passant à Mulhouse, il y a quelques jours, un des plus honorables et des plus éclairés membres du conseil général du Haut-Rhin, communiqua à M. Cerfberr de Médelsheim le rapport lu à la Société philantropique de Mulhouse, par M. Werth, président du conseil de cette Société qui a créé une école industrielle pour les jeunes Israélites pauvres. Nous en donnons ici quelques extraits, pour montrer si M. Cerfberr de Médelsheim a eu tort d'accuser les Consistoires et les juifs riches de ne rien faire pour leurs coreligionnaires.

C'est ainsi que ses adversaires lui fournissent eux-mêmes les armes qui servent à les combattre.

Au milieu de tant d'éléments de prospérité, une pensée bien triste nous afflige et arrête l'expansion de notre joie. Lorsque, pour la première fois, nous avons entretenu le public de nos projets philantropiques, les hommes éclairés et généreux ont compris nos intentions et nous ont entourés de leur bienveillance et de leur appui : . . . .

. . . .

mais nous avons eu la douleur d'être arrêtés dans la marche progressive de nos travaux, par ceux qui avaient le plus grand intérêt à nous seconder de leur concours ; nos intentions ont été méconnues par ceux-là même pour qui nous avons déployé un zèle et un dévouement qui, jusqu'alors, avaient été sans exemple parmi nos coreligionnaires. . . . .

. . . .

N'est-il pas douloureux, presque honteux, de vous dire, Messieurs, que sur 423 souscripteurs, nous ne comptons que 189 coreligionnaires du Haut-Rhin, dont 50 membres de notre société ; les 139 autres font partie de la classe moyenne et pauvre de notre population : dans la seule commune de Hegenheim il y en a 39.

Quelle opinion le public doit-il se former de notre empressement à nous rendre dignes de la liberté que nous devons à la civilisaiton, lorsqu'un grand nombre de nos coreligionnaires ne nous poursuivent de leur résistance que parce qu'ils voient dans notre organisation et dans l'école que nous avons fondée, une œuvre de civilisation ?

Mais un grand obstacle vous arrête : notre administration consistoriale a paralysé votre élan, par l'abus le plus grand qu'elle ait fait de son influence sur vous ! . . . .

. . . .

Mais que se passe-t-il, au contraire, au milieu de nous ? Quel triste spectacle nous présente notre consistoire? Quelles sont les institutions qu'il a créées depuis son existence? Quel progrès avons-nous à constater dans notre circonscription, depuis qu'elle est administrée par un consistoire ? Vous rappellerai-je tout ce qu'en ont dit les journaux et les brochures?

. . . .

Nos démarches réitérées auprès du consistoire, pour solliciter son concours, prouvent assez nos dispositions conciliatrices ; mais tous nos efforts sont restés sans succès. . . . .

. . . .

Cette administration, dont le devoir était de protéger notre entreprise, a été insensible à

tous les témoignages de bienveillance dont nous avons été l'objet; . . . .
. . . .
c'était chez elle un projet arrêté d'étouffer notre société et d'anéantir l'école que nous avons fondée : pour y réussir, elle a opposé à nos listes de souscriptions d'autres listes de souscripteurs.

Par ce moyen, elle a recueilli pour 8,000 fr. de souscriptions, uniquement pour nous en priver. Vous croyez sans doute qu'elle a utilisé ces souscriptions, pour fonder une école rivale de la nôtre ? Non, Messieurs ; le but du consistoire étant atteint, il ne s'est plus occupé de ces souscriptions, dont jusqu'à ce jour aucune n'a été réclamée. Quelle tactique misérable ! Quel abus déplorable d'une influence digne d'être exercée d'une manière plus honorable !

II.

Ajoutons à ce qui précède ce qu'un voyage tout récent en Alsace a fait connaître à M. Cerfberr de Médelsheim. Les juifs crient à la calomnie quand l'auteur prétend qu'ils sont partout, dans toutes transactions, et qu'ils enlacent toutes les affaires de leur réseau fatal. Cependant, jamais assertion n'a été moins contestable ni plus justifiée. Il n'est pas, surtout au moment où nous sommes, un seul marché qui se passe sans que la bande noire organisée par les juifs, ne vienne s'abattre sur la proie qu'elle enlève au détriment des honnêtes gens. En voici une preuve :

Il s'est établi, on le sait, une utile voie de fer entre Bâle et Strasbourg ; si les actionnaires, trompés par les juifs qui se sont trouvés à la tête de l'entreprise ont été ruinés, au moins le pays a-t-il amplement profité du bénéfice du nouveau mode de communication. Mais le chemin s'est arrêté à une respectueuse distance des fortifications de Strasbourg, qu'il ne pourra franchir que dans quelques années. Il fallait donc que la compagnie du chemin de fer établît un service spécial pour voiturer les voyageurs dans l'intérieur de la ville. C'était une dépense à laquelle elle répugnait, car c'était en dehors de ses opérations. Elle s'adressa alors à M. Gros, le seul propriétaire d'omnibus qui fût à Strasbourg, et celui-ci s'engagea, sans exiger de sacrifice de la part de la compagnie, à monter immédiatement un service de voitures qui fonctionna en effet, à la satisfaction de la compagnie, des voyageurs et de l'entrepreneur lui-même qui réalisait d'honnêtes bénéfices. Il avait construit tout près du débarcadère, et à ses frais, un hangar pour abriter ses chevaux et ses voitures.

Personne n'avait d'abord songé à contrarier M. Gros dans sa chanceuse entreprise; mais lorsque l'on vit qu'elle prospérait, la cupidité vint qui voulut prendre part au gâteau. Or, la cupidité est presque toujours représentée en Alsace par un juif, et ce n'est pas dans une circonstance pareille à celle-ci que l'usage devait faillir. Il y avait bénéfice, donc un juif devait en profiter, et voici que le maître de poste de Strasbourg, juif très-connu et très-puissant par sa fortune et ses alliances, imagina de déposséder M. Gros de sa fructueuse entreprise. De premiers concurrents s'étaient adressés d'abord à la compagnie du chemin de fer pour enlever au possesseur le privilége consenti par elle, de transporter les voyageurs par omnibus. Leur tentative échoua contre la probité de l'ancien directeur de la compagnie ; ils demandèrent ensuite d'en jouir concurremment avec lui, ce qui leur fut également refusé, car c'eût été, la compagnie le proclama hautement elle-même, *un insigne manque de foi*, une *haute injustice* auxquels elle ne pouvait prêter les mains.

Mais la *bonne foi*, la *justice !* qu'est-ce que cela pour de certaines gens? L'administration municipale et départementale avait repoussé d'abord les prétentions des concurrents de M. Gros. Un juif riche, puissant, n'est pas arrêté par si peu ; le maître de poste fait jouer d'autres ressorts, il obtient l'assistance du nouveau directeur du chemin de fer, homme sorti des bureaux du juif, banquier de la compagnie. Un arrêté de l'autorité supérieure diamétralement opposé à la décision première, qui, admettant un prétendu principe de libre concurrence inapplicable en la circonstance, déposséda M. Gros de l'espèce de privilége qu'il avait acquis au prix de sacrifices qui avaient engagé toute sa fortune, et son compétiteur, créant des omnibus au rabais, compromit ainsi l'avoir d'un honnête père de famille qui fut bientôt obligé d'écouter des propositions d'accommodement. Mais ici se produisit un déni de justice plus grave encore. Le juif, au lieu d'offrir à l'homme qu'il avait juré de ruiner, la valeur *industrielle* et de *convenance* de son entreprise et de son matériel, ne voulut donner que la valeur *intrinsèque* de ce dernier, ce qui complétait la ruine de l'entreprise. M. Gros dut refuser et actionna la compagnie du chemin de fer, comme garante du privilége qu'elle lui avait accordé. Le Tribunal de commerce de Strasboug la condamna à 10,000 fr. de dommages-intérêts; somme insuffisante pour indemniser M. Gros de ses pertes, et qui devient l'objet d'un appel devant la Cour royale de Colmar.

Tout le pays, qui s'aperçoit enfin combien pèse sur lui l'oppression des juifs, et qui en est las, s'est ému de l'affaire et il accorde ses plus vives sympathies à M. Gros, citoyen des plus honorables et des plus estimés, et qui est le gendre d'un homme cher à l'Alsace et aux arts, du célèbre sculpteur Ohmacht.

Chose remarquable, et qui ajoute à l'indignation publique, c'est que la famille du maître de poste avait besoin de faire passer à tout prix, dans un des colléges électoraux du Bas-Rhin, la candidature d'un de ses membres, beau-frère du maître de poste. Cette candidature avait été et devait être encore vivement disputée ; aussi employa-t-on tous les moyens possibles de la faire réussir, et le plus puissant fut de déterminer dix-neuf électeurs à transporter leur domicile politique : le député fut élu. Or, l'un de ces électeurs est M. Gros lui-même, qui recueille ainsi le prix de sa candide complaisance.

L'avis profitera sans doute lors des prochaines élections.

III.

Quelques personnes avaient cru voir dans un passage du travail de M. Cerfberr de Médelsheim, une personnalité que peu de gens, cependant, pouvaient saisir, et il avait supprimé ce passage (indiqué par des lignes de points, page 56), qui importe peu d'ailleurs à l'ensemble de l'ouvrage. Mais des amis éclairés sont venus durant l'impression, avertir l'auteur du piége qu'on avait tendu à sa bonne foi, pour pouvoir l'accuser de n'avoir pas reproduit ses articles textuellement, et d'avoir ainsi trompé le public. Il s'est alors décidé à rétablir ici le passage supprimé.

Nous avons dit que le juif allemand était vaniteux, cupide et ingrat. M.... a été recueilli dans son enfance par une famille riche qui l'a élevé ; il suffisait qu'il fût pauvre et orphelin pour que les soins qu'on lui prodiguait devinssent plus attentifs et plus délicats ; regardé comme un fils de la maison, il en épousa la fille. Dès lors il fit maison à part, car il prévoyait la ruine rapide que les temps malheureux allaient causer à son beau-père; puis cette ruine arrivée, il en accapara tous les débris pour élever sa fortune. Alors il se prit à repousser et à dédaigner la famille de son bienfaiteur, et bientôt il passa du dédain à la haine, et de la haine à la persécution ; celle-ci est implacable et n'aura de fin que lorsque la vie aura quitté ce cœur froid et desséché.

Il est propriétaire opulent, banquier millionnaire ; il est décoré, en sa qualité de fournisseur de bois et de chandelles aux armées ; il est adjoint au maire de sa commune, car sa fortune immense lui permet d'acheter un peu de popularité, au moyen de quelques largesses qui paraissent grandes dans un pays dont les habitants sont en général aisés, mais où les grandes fortunes sont rares. Toutefois, s'il fait du bien, l'intention de le faire n'entre pour rien dans sa munificence. Les malheureux qu'il secourt n'en doivent rendre grâce qu'à son ostentation ; la main gauche sait toujours retenir ce que donne la main droite ; il jettera fastueusement une large aumône au mendiant effronté qui lui tendra son chapeau au milieu d'une place publique, et il refusera durement une obole à la pauvreté honteuse. Ses bienfaits sont soigneusement consignés au journal du département, et enregistrés dans un livre *ad hoc*, tenu spécialement par un commis fashionable, répandu dans le monde et chargé d'y faire connaître le chiffre de chaque mois. Il va sans dire qu'il est sans enfants, mais il traite comme étrangers des neveux pauvres et orphelins, en leur disant avec colère et dédain : « Je ne suis pas votre oncle. »

Ceci, du reste, est l'histoire de plusieurs.

FIN.

Imp. DE H. VRAYET DE SURCY ET Ce, rue de Sèvres, 37.

OUVRAGES DU MÊME AUTEUR,

Chez A. ROYER, *place du Palais-Royal,* 241.

Voyage de S. A. R. Madame la princesse Hélène, de Mecklembourg-Schwérin, duchesse d'Orléans, d'Allemagne en France, 1 vol. in-18.

Contes du chanoine Schmid, traduction nouvelle faite sous les auspices de madame la duchesse d'Orléans, pour l'éducation de S. A. R. Mgr le comte de Paris. 2 vol. in-8°, magnifiquement illustrés par Gavarni. — Prix : 24 fr.

Loïdoros, petit livre des salons, in-184. — 75 c.

Le Juif, extrait des *Français* de Curmer.—1 f. 50 c.

Journal des Prisons et des Institutions de bienfaisance, hebdomadaire. — 15 fr. par an.

SOUS PRESSE :

Manuel des Prisons, à l'usage des magistrats et des administrateurs de ces établissements, ouvrage neuf et indispensable.

Manuel du Prisonnier, ou Livre de prières à l'usage des détenus de toutes les prisons du royaume.

Manuel de l'Instituteur des prisons.

Impr. de H. VRAYET DE SURCY et Ce, rue de Sèvres, 37.

www.ingramcontent.com/pod-product-compliance
Ingram Content Group UK Ltd.
Pitfield, Milton Keynes, MK11 3LW, UK
UKHW020549180726
13838UKWH00001B/135

9 782329 298474